謎樣的山茶花

可可・香奈兒

李民安　著

三民書局

打開每個人心中的「想像盒」

七十多年前，法國著名作家「安東尼‧聖修伯里」寫過一本廣受歡迎並流傳至今的童話──《小王子》。書中那個好奇又好問的小男孩來自外星球，他純淨的心靈和真摯的感情，一直陪伴著我們地球上一代又一代人的成長。

作家聖修伯里曾經為小王子畫過一個可以讓綿羊居住的盒子。而作家自己也擁有一個珍寶盒，裡面收藏著老照片、舊信件和許多小玩意兒，他常常去翻弄這個盒子，想從中尋找創作的泉源。

三民書局的出版團隊也有這麼一個盛滿「想像」的大盒子，裡面匯集了編輯們經年累月的經驗、心得，以及來自作者、插畫家等的好主意和新點子。多年來，這個團隊不斷為小讀者們出版優秀的人物傳記、勵志叢書等。董事長劉振強先生認為這是出版人的使命，一個好傳統一定要延續下去，讓小讀者永遠有好書可讀，而且每一套書都要精益求精，各具特色。

因此，當我們開始構思下一套新書的方向，如何能夠既延續傳統，又能注入不同的角度和活力，呈現出一番新的面貌，便成為我們的首要考量。

編輯團隊圍坐在一起，慎重的打開我們的「想像盒」，希望從盒裡累積的智慧中汲取靈感。盒內的珍寶攤滿了桌面，眼前立即出現許多引導性的話語，大家一面仔細挑選，一面漸漸理出一個脈絡。

「書寫近代人物，更貼近小讀者的心靈。」

「介紹西方人物，增強小讀者對全球人物的興趣。」

「撰寫某個行業或某個領域中最有代表性的人物，他們的成就

對後世有重大影響，對小讀者有正面啟發作用。」

「多用說故事的方式寫作，以增加趣味性。」

「想像盒」就這樣奇妙的為我們搭起了一個框架，編輯團隊在這個架構中找到了方向，大家興奮的為新叢書定名為「近代領航人物」系列，並決定先從介紹西方人物入手。

框架既已穩固，該添進內容了。如何選取符合條件的撰寫對象，是編輯團隊的再次挑戰。我們又打開了「想像盒」……

「叮」的一聲，盒內跳出一個 "THINK" 的牌子，大家眼前一亮，「那不是 IBM 公司創始人湯姆士・華生的座右銘嗎？意思是要我們海闊天空的去想像，才能產生創意啊！」於是，話匣子打開了。

有人說：「我們每個人手裡都拿著手機，不需要長長的電話線連接，就能無遠弗屆的與人聯繫，但對有『無線電之父——馬可尼』之稱的這個聰明人，我們知道的並不多。」

有人說：「啊！有了，我們何不請最喜歡開飛機的聖修伯里帶大家到義大利去拜訪馬可尼呢？」

有人說：「馬可尼不是已經拍來電報，為我們安排好去巴黎看可可・香奈兒的時裝展示會了嗎？還要去倫敦聽約翰・藍儂的搖滾音樂演唱會哩！」

有人說：「我對時裝展示會沒有太大興趣，但是既然去了巴黎，我倒是很想去看看大文豪雨果筆下的聖母院，也許會碰見那個神祕的鐘樓怪人！」

有人說：「我希望去倫敦時，能走訪唐寧街十號，一睹英國第一位女首相，鐵娘子柴契爾夫人的丰采。」她輕輕咳嗽了一聲，接著說：「我的肺炎剛痊癒，是用了抗生素才治好的。聽說抗生素是英國

細菌學家**弗萊明**發現的，我也想順便彎去他在倫敦的實驗室參觀一下。」

有人附議：「那太好了，我可以在路邊書報攤買本英國大經濟學家**凱因斯**主編的《經濟期刊》來一讀。」

有人舉起手來，激動的說：「我原是個害羞沉默的人，自從去上了**卡內基**的人際關係課程後，才學到怎麼樣表達自己。我想說出我的心願，那就是去美國華盛頓的林肯紀念碑前，聆聽人權鬥士**馬丁・路德・金恩**博士精彩動人的演講〈我有一個夢想〉。再去附近的國會山莊，參加**約翰・甘迺迪**的就職典禮，聽他充滿領袖魅力的經典名言，『不要問國家能為你做些什麼，要問你能為國家做些什麼。』」

有人跟著說：「我是環保和人道主義的支持者。既然我們到了美國，我想去緬因州，到環保使者**瑞秋・卡森**收集海洋生物標本的海邊去走一走。也想去紐約的聯合國兒童基金會總部拜訪兒童親善大使**奧黛麗・赫本**。這兩位心靈和外表都美麗的女士，一直是我最崇敬的偶像。」

看到大家點頭同意，他急忙追加：「啊，如果還能去洋基球場觀看棒球巨星**貝比・魯斯**在球場啟用那天轟出的第一支全壘打，那我就太滿足了……」

編輯們彼此會心一笑，這是討論時常有的現象，抱著「想像盒」，天南地北，穿越時空。我們總嘗試以開放的思路，為「傳記」類型的叢書增添更多的新意。

這時一陣歡笑聲響起，原來是美國物理學家**費曼**為慶祝自己得到諾貝爾獎而開的派對。賓客中有許多知名之士，第一位登陸月球的太空人**阿姆斯壯**也在其中。聽說費曼正在調查挑戰者號太空梭故

障的原因，阿姆斯壯是他最好的太空顧問！費曼是位科學家，但他興趣廣泛，音樂、舞蹈樣樣精通。只見他隨著熱情洋溢的森巴舞曲，一面打著鼓，一面與現代舞創始人瑪莎‧格蘭姆翩然起舞。

「別鬧了！費曼先生。」門口走進一位胖嘟嘟，面無表情的老頭，把大家嚇了一大跳！只見他拿起手上的擴音器說了一聲「卡」，啊啊，難道他就是那位驚悚片大導演希區考克？

他嚴肅的接著說：「受世人景仰的南非自由鬥士曼德拉先生剛剛辭世。請大家起立致敬。」

我們這趟「穿越之旅」中的二十位人物即將登場，希望他們的領航故事也能開啟小讀者心中的「想像盒」，將來或可成為另一個新領域中的領航人，傳承發揚人類的智慧和文明。

在此特別感謝為小讀者說故事的作者們，除了正文之外，他們都特別增寫了一篇數百字的「後記」，提綱挈領的道出各撰寫人物對世界的影響，提供小讀者更明確的閱讀指標。同樣也感謝繪製精彩畫面的插畫家們，為使圖文搭配相得益彰，不惜數易其稿。對編輯團隊能讓叢書順利的如期出版，我心存感激。對充滿使命感、長期為小讀者做出貢獻的三民書局，我致上最高的敬意。

對您，選擇讀這套叢書，我誠懇的說聲「謝謝」。有您的支持，讓我們有信心為小讀者打造更多優良讀物。

張燕風　2013 年歲末寫於臺北

作者的話

　　拿到這二十位世紀領航人的名單時，我馬上給兩個女兒發了封郵件，希望她們能從讀者的角度給我一些建議，有沒有哪一個是她們最有興趣，最想讀的？結果一個學藝術的和一個學理工的，都選了「可可‧香奈兒」。

　　真的嗎？我得到她們的回答後卻又開始猶豫，像我這樣一個在她們眼睛裡面，離「時尚」的距離不可以道里計的人，從來不捨得買一件精品服裝的人，真的能夠抓得住這個世界知名精品品牌創辦人的內心世界嗎？還有，她們是女孩子，女孩子天生就對漂亮的服裝有一種喜好，她們對香奈兒有興趣一點也不奇怪，那麼，屬於另外一半的男生呢？男生為什麼會要看這樣的一本書呢？

　　於是，我便問我自己，如果她只是一個服裝設計師，為什麼會被視為 20 世紀的領航人之一呢?她引領的一定不只是喜歡時髦的漂亮女生，必然也能引領像我這樣不修邊幅的人，和除了女性以外另一性的男生，那究竟是什麼？

　　我自己對香奈兒的認識，在此之前也非常的膚淺，等確定寫作人物之後，就開始找資料。第一步，先上網去搜尋香奈兒的照片，發現她年輕的時候十分「吸睛」，是個非常漂亮動人的女孩子。然後，就是看她七十多歲以後，接受法國電視臺的訪問，那也是她唯一接受的電視訪問，我看到了一個年華雖已逝去，卻依舊優雅且氣質出眾的女人，更有意思的是，她在面對記者發問時展現出來的自信和霸氣，算算時間，那可是半個多世紀以前，敢於在世界眼前展現「捨我其誰」氣概的一個老女人呢！於是，我找到了我的感覺。

　　女性要爭取社會地位的提升、要讓男性聽到她們的聲音、肯定她們的能力、要在政治上有投票權、要打破管理階層的男性玻璃屋

頂，這些看在現代的女性眼裡，都還是得盡全力去拚鬥的戰場，那麼想想一個世紀以前，無父無母，除了一手針線活，什麼都沒有的香奈兒，面對的是怎樣一個一切以男性為主的社會，她要打破的屋頂，還不是起碼保有基本禮貌的透明玻璃，而是很不友善的鋼筋水泥；上個世紀初的男性，完全不掩飾他們對女性的輕視，絕大多數都是赤裸裸把女性視為「第二等公民」的男性至上主義者，在這樣嚴峻的環境中，看香奈兒怎麼披荊斬棘，殺出一片天來，的確非常過癮。

　　我們每一個人一生中，多多少少都會面對或大或小的逆境，有多少次你覺得老天爺不公平，獨薄於你？又有多少次你認為你撐不下去了？在「撞牆」的時候，希望這一本書裡，香奈兒的奮鬥經歷，能夠給你一些勇氣，給你一些力量，讓你能夠振作起來繼續去追夢。

　　寫完了之後，我在想，是不是應該告訴小傢伙們，今年生日可以送我一瓶香奈兒 5 號了。

李民安

　　對三民的讀者來說，「李民安」應不是一個陌生的作者，她曾在三民先後出版過《解剖大偵探：柯南・道爾 vs. 福爾摩斯》、《石頭不見了》、《銀毛與斑斑》、《灰姑娘鞋店》、《佛陀小檔案》、《尋佛啟示：釋迦牟尼》、《新政先生：富蘭克林》等多本讀物；她是一個充滿好奇心，喜歡嘗試新事物的作者，儘管嘗新不能保證都是快樂的結局，但她依舊樂此不疲。

謎樣的山茶花

可可‧香奈兒

CONTENT

可可·香奈兒

1883～1971

Coco Chanel

　　曾經擔任過法國文化部長的安德烈·馬爾羅說過：20 世紀的法國，將有三個名字在世界上永垂不朽，一位是軍事家、政治家，曾經在第二次世界大戰期間，領導「自由法國」運動，於戰後成立法蘭西第五共和國，並擔任領導人的戴高樂將軍；第二位是現代藝術的重要代表人物，世界知名的抽象畫家畢卡索，他雖然是西班牙人，但他是法國共產黨的黨員，最後更在法國逝世；第三位，是一個個性孤獨高傲的女人，她雖然沒有被法律賦予權力，但她所統治的疆域超越法國的國界，統治的時間比任何一個法國領導人都長，甚至在死了以後依然影響無數的人，她就是我們這一本書的主人翁：可可·香奈兒。她也是美國

《時代雜誌》，在即將迎來一個新世紀的 2000 年時，選出對 20 世紀最有影響力的一百人之中，唯一的一位設計大師，更是《時代雜誌》所選出的，二十位在上一個世紀裡具有影響力的藝術家中，排名第二的人物。

「香奈兒」這個名字你是不是聽起來很耳熟呢？你會知道香奈兒，應該是因為這是一個很有名的精品品牌，報紙上時常介紹一些中外影視紅星，她們在出席重要的場合時，穿著香奈兒的服裝、提香奈兒的包包、佩戴香奈兒的珠寶等等。

「名牌」就是「著名商品」的意思，是一種高級的產品，它的價格比其他同類型商品來得高。而人們之所以願意花較多的錢來買這一種產品，就是因為它不同於一般的設計，以及精緻的做工和品質，成了一種身分

和社會地位的象徵，這些都可視為名牌商品的附加價值，這也是為什麼很多人喜歡用名牌。我希望這些用香奈兒產品的人，多少知道他們鍾愛的這個產品和創辦人的故事，因為如果沒有她精彩的故事，就沒有今天享譽全球的「香奈兒」品牌了。

01

黑暗的童年

　　沒有人能夠選擇自己出生的父母和家庭，但是永遠能夠憑藉自己的努力創造命運。

・☆・☆・☆・☆・

　　在面對困厄的處境時，中國人總是喜歡這樣為自己打氣，想著今天能「吃得苦中苦」，將來才能「方為人上人」，或者像孟子說的：「天將降大任於是人也，必先苦其心志，勞其筋骨，餓其體膚，空乏其身，行拂亂其所為，所以動心忍性，曾益其所不能。」很簡單的來說，就是把自己現在所有遭受的不順利，都看成是日後成功所必須經歷的「能力培養訓練」；為了證明自己是那個足以承擔重任，並終將出人頭地的「成功待選人」，所以眼下再怎麼苦，都要咬著牙撐過去。

　　雖然我不知道當嘉柏麗兒的父親，在她母親過世後，拋棄他們兄妹五人，讓她不得已得在修道院的教養院裡度過童年的時候，是不是也靠著類似的信念才撐了過來？但是當初吃夠了苦中苦的她，到後來確實成了人上人，倒也是個不爭的事實。

　　哦，對了，忘了告訴你，這位嘉柏麗兒，就是後來名滿全世界的法國時裝設計師，可可・香奈兒*。

●　☆　●　☆　●　☆　●

　　1883 年 8 月 19 日，嘉柏麗兒出生於法國南部索米額爾的窮鄉僻壤*，在那個時候，他的父親和母親還沒有結婚，用我們現在一般人的話來

***可可・香奈兒**：原名是嘉柏麗兒・香奈兒 (Gabrielle Bonheur Chanel)，「可可」是後來人們賦予的暱稱，詳見本書第二章。

***關於可可的出生**：地點在一家慈善醫院。可可・香奈兒的出生證明上，可以看出她的出生年分有被明顯改成 1893 的痕跡，中間相差十年，大家相信是成名以後的可可，透過關係更改的。理由？大概總是跟女人對年齡的敏感有關吧。

說，她出生的時候，是一個私生女，而且她還不是他們家唯一的私生女，她的上頭還有一個姐姐。

嘉柏麗兒的母親在青少年時期就一心想嫁給自己心愛的男人，但是她愛上的這個男人似乎是個花花公子，並不安於平凡平靜的家庭生活，也不肯承擔做一個丈夫和父親的責任，喜歡不時玩失蹤，到處旅行。嘉柏麗兒姐姐出生的前一個月，媽媽的家人才把「不見了」的父親找到，但是當時他拒絕和嘉柏麗兒的母親進入禮堂。而在嘉柏麗兒即將出生的時候，她那二十歲貧困無依的母親，正隻身在陌生的城市打零工，沒有人知道二十八歲的父親在哪兒，還是一些不認識的人，把已經開始陣痛的孕婦，送到天主教的一家慈善醫院裡生產的。

當時在絕大多數人信仰天主教的法國，通常在嬰兒出生以後，馬上就會為小寶寶進行天主教的洗禮，一方面祝福嬰兒的誕生，另一方面也是

祈求新生命能夠蒙神庇佑，一生幸福平安。

「咦，這個漂亮寶寶的爸爸在哪裡？我們要給她洗禮了。」一位修女說。

「不知道耶，從她媽媽進醫院就沒有看到他的人影。」另一位修女接著說。

「接受洗禮需要一個名字啊，叫她什麼好呢？」

「嘉柏麗兒，妳來做她的教母，我們就叫她嘉柏麗兒吧。」

那個叫「嘉柏麗兒」的修女，抱起這個漂亮，但前途未卜的女嬰，親親她的臉蛋：「好孩子，我是妳的教母，我也把我的名字給妳，嘉柏麗兒，希望妳一生平安。」

媽媽生產過後體力虛弱，不能下床，爸爸呢，又不知道人在何

處，於是這個小女嬰就在一些陌生，但好心的人的觀禮中完成了她的宗教洗禮。我猜，這些陌生人的心裡，多少都會覺得這個小寶寶很可憐，或許也會擔心她的未來不知道會多麼坎坷。

一直到嘉柏麗兒十五個月大的時候，她的父母才補辦了結婚手續，之後的七年間，他們又陸續給嘉柏麗兒添了三個弟弟和一個妹妹，但是其中最小的弟弟出生後不久就夭折了*。

又是冬天了，十二歲的嘉柏麗兒注意到，每到冬天，媽媽晚上的咳嗽都變得特別厲害，為了撫養五個孩子，沒有一技之長的母親只能做工資最少的零工，還不得不把嘉柏麗兒和她的大姐、大弟送回娘家住。1895 年 2 月的某一天早上，天氣非常寒冷，嘉柏麗兒起床以後，發現媽媽還沒有起床，可是不管她怎麼叫喚母親，搖晃她的身

---

*可可‧香奈兒的家人：父親亞伯特 (Albert)，母親珍妮 (Jeanne)，大姐茱莉亞 (Julia)，大弟亞方斯 (Alphonse)，妹妹安托尼特 (Antoinette)，小弟盧西恩 (Lucien)。

體，她都沒有反應。貧窮不安定的生活，一次又一次的懷孕生產，再加上慢性肺病，嘉柏麗兒長年操勞臥病的母親，年紀輕輕的在三十三歲就過世了。一如往昔，她的父親正在離家出遊的某處，不見人影。

　　你覺得嘉柏麗兒的父親，一個沒有固定工作，可能也沒有一技之長，長時間在家庭中缺席的男主人，現在會用什麼樣的態度來面對沒有了太太，卻有五個不滿十四歲的幼兒需要撫養的難題？

　　嘉柏麗兒的父親坐困愁城：「天哪，這些孩子會把我綁死，他們就像一個無底洞，我怎麼可能把他們養大？我還不到四十歲，還這麼年輕，我要過隨心所欲，自由自在的生活。」於是，他決定把兩個兒子送到一個農民家做免費的童工，女兒則送到修道院中的教養院*。

　　那是一個陰雨綿綿的日子，父親駕了一輛馬車，把嘉柏麗兒和她的姐妹，還有她們簡單的行

囊，帶到聖心會女修道院的門口。幾天以前，他已經來跟這兒的修女說好，要把女兒寄放在這裡。

嘉柏麗兒跳下馬車，她一手挽著一個小包，背上還背了一個，另一隻手牽著妹妹安托尼特，姐姐茱莉亞站在一旁，手足無措的玩著自己的辮梢；媽媽一直說，嘉柏麗兒是她們三姐妹中個性和能力最強的一個，她知道從現在開始，她得負起照顧茱莉亞和安托尼特的責任了。

「就是她們三個嗎？」一身黑衣的修女問。

父親向修女簡單的介紹了三個女兒，然後蹲下來對她們說：「妳們要好好待在這裡，爸爸賺了錢以後，會回來看妳們的，妳們要乖，要聽修女的話。」說完跳上馬車，鞭子在陰冷的空氣中打出一個清響，接著馬蹄便在石板路上踏出清脆的

---

*教養院：隸屬位於法國中部科雷茲省 (Corrèze) 的瑪麗亞聖心會女修道院 (the Congregation of the Sacred Heart of Mary)，專門收容貧苦無依，被遺棄或者是逃家、父母雙亡的女孩子。

蹄聲，一步步走遠了。

修女招呼著三姐妹入內，嘉柏麗兒拉著安托尼特往修道院的大門走去，她還不死心的看著遠去的馬車，和坐在馬車上的父親，默默的在心裡祈禱：「爸爸，你回頭再看我們一眼吧，記住我們，也讓我們記住你。」但是，一直到修道院厚重的大門在身後關上，父親都沒有回頭再看她們一眼。那個時候，他的心思大概已經飛到無牽無掛、自由自在的美好未來了，他不但在當時沒有再回頭，從那以後也自她們的生命中絕跡。

● ○ ● ○ ● ○ ●

成名以後的可可‧香奈兒，不願意承認自己是一個孤兒，也不能忍受別人叫她孤兒。因為，雖然母親過世了，但是她明明是還有父親的人啊，只不過，她刻意忽略了，她的「父親」，只是馬車上一個離去的模糊背影，從那一天以後，她再也沒有見過這個曾經的「父親」。

生性驕傲的她，也痛恨別人同情和憐憫的目

光。長大之後，她總是迴避曾經住過修道院教養院的往事，而是以「住在姨媽家」一筆帶過。但是如果你追問她姨媽的名字，跟她媽媽的關係，或者姨媽家的種種，她就開始跟你打太極拳，顧左右而言他。其實所謂「姨媽」，就是修道院裡的修女，而她曾經住過的教養院，也已經成為後世忠實的香奈兒迷們的朝聖地之一。

她不願意面對自己被父親遺棄的事實，因而跟朋友說了許多不一樣的童年版本，甚至還替她的父親找一個必須拋棄他們的理由：「如果我是他，我也會這麼做，誰在三十幾歲有能力來負這麼大的責任？」後來，她還反覆的對朋友強調，爸爸最喜歡的孩子就是她，不喜歡妹妹，甚至還編造出父親到美國去追求幸福生活的「童話」。

你應該可以想像，一個其實沒有什麼機會跟那個「少見」的父親相處的女兒，在內心深處還是希望得到父親的愛。尤其到了教養院，在那裡，別人或許會滿足你最基本的吃穿，但是大概沒有

義務給你愛。

　　了解嘉柏麗兒這一段童年歷史，可以幫助你認識真正的可可・香奈兒，而貼近她的內心，也有助於抓住她的設計理念；在可可的心中其實一直住著一個缺少愛，沒有安全感，深怕被拋棄的孤獨小女孩的靈魂。每次從她口中說出來不同版本的童年，都是她想要，但是從來沒有得到過的。

　　嘉柏麗兒住的教養院，是一個修女的修道院，那裡收留的全是女孩子，有的是父母雙亡的孤兒，有的是逃家的女童，也有的是家貧、沒有親人能收留的女孩子，就像嘉柏麗兒她們姐妹這

樣。

她們既然住在那裡，自然就要受修女的管教；修女的生活刻板僵硬，節省清貧，清淨無聲，而且要經由嚴格的訓練來學習宗教儀式，她們也以這一套來管教教養院中的女孩。

天還曚曚亮的時候，一般的孩子在這個時間沒有幾個爬得起來，而她們卻已經在修女們「起床了，起床了」的叫喚聲中，摸索著穿上黑色的制服，睜著惺忪睡眼，一腳高一腳低的踏過還沾著露水溼滑的石板小徑，到教堂去做早上的第一堂彌撒了。

「坐好了，身體坐正，不要彎腰駝背的，兩手擺在膝蓋上。態度要莊重。」修女們在一旁盯著這些似乎永遠也睡不飽的孩子，一個一個糾正她們做得不好的地方。

「真是受不了，這麼早，又不先給我們吃東西，還要在這裡坐這麼久，真不知道妳怎麼受得了，喂，妳來這裡多久了？」一臉不高興的嘉柏

麗兒，忍不住跟坐在旁邊，看起來一本正經的紅頭髮女孩抱怨。

「不要交頭接耳！」站在身後的修女，用手輕輕的打了她的頭一下，嘉柏麗兒伸伸舌頭，不情願的閉上嘴。

大風琴的伴奏聲響起，「萬福瑪麗亞」的歌聲，在空曠的大殿中響起。不一會兒，修女無聲的走到她身邊，不滿的說：「嘉柏麗兒，不要閉著嘴巴，要跟大家一起唱聖詩。……妳真的在唱嗎？還是只是張張嘴做個樣子？怎麼都聽不到妳的聲音？」

沒辦法，根本還在半睡半醒之間的嘉柏麗兒，只好不情願的認真唱起來，「萬福瑪麗亞，滿被聖寵者，……」，可是才唱沒多久，又聽見修女呵斥：「喂，喂，喂，妳，我說的就是妳，嘉柏麗兒，不要唱得這麼大聲，聲音要能跟其他的小朋友合在一起，要有和諧感。」嘉柏麗兒在心裡面嘟嘟囔囔：「討厭，怎麼做都不對，到底要我怎麼

樣嘛？」

晚上九點，舍監的腳步聲在走廊響起，那人的腰上用金屬鍊條繫了一把鑰匙，隨著沉重的步伐發出規律嘩嘩聲響，「熄燈，睡覺了。」早上不能睡懶覺，晚上很早就得上床，也不能當夜貓子，每天有固定的晨禱和晚禱。坐要有坐相，站有站相，吃有吃相，在修道院高牆內的生活，有一大堆的規矩，沒有任何自己的時間。可以想像，這樣的生活，對嘉柏麗兒或任何小孩子來說，都不會有太多的樂趣。

缺乏色彩和歡笑的童年生活，絕對不是幸運的，但世界上沒有什麼事情是十全十美的，有好就有壞。同樣的，看起來一無可取的壞，細細追究起來，卻可能也有好的一面。這樣的成長過程，讓嘉柏麗兒能夠不在意別人的眼光，勇敢的做自己。因為她已經沒有什麼可以失去，就好像已經處在山谷的底部，不管你往哪個方向踏出哪一步，都不會比現在的情況更壞。

　　嘉柏麗兒從小就是一個孤獨但特殊的孩子，不管生活再怎麼刻板僵硬，她骨子裡與生俱來嚮往自由，想要跟別人不一樣的衝動，就像不會熄滅的小火苗，一直在心裡燃燒。不管周遭的環境多麼封閉，她就是要想盡法子跟別人不一樣，哪怕只是在清一色的教養院黑色的制服上別一朵採來的小花，或者用剩下的白布邊角，縫製黑色制服的領子和袖口，但就因著那樣一朵小花，和黑色中的一點純白，便讓她得以和別人不同，足以讓她脫穎而出。

　　嘉柏麗兒的童年，在修道院的教養院裡度過了相當長的一段歲月，因為她將來並不想要當修女，按修道院收養年紀的規定，到了十八歲就不能再待在那裡了，於是嘉柏麗兒在 1900 年離開住了七年的教養院。

02

重要的第一步

　　如果一個人可以在自己有興趣，並有能力的領域發展，做一份不僅喜歡，而且還可以發揮專長的工作，一定會有如魚得水的快樂感。可是怎麼樣才能發現自己的興趣是什麼？專長在哪一方面呢？萬一發現自己並不具備做自己喜歡做的事的能力時，又該怎麼辦呢？

● ☆ ● ☆ ● ☆ ●

　　你覺得嘉柏麗兒在離開教養院的時候，對自己的未來，會有著什麼樣的夢想？貧窮的出生，她應該會想要有一些錢吧？過夠了修道院中沒有變化，刻板無味的生活，她或許會對大都市有一點好奇吧？她的日子一直是別人要她做什麼，她就得做什麼，她會不會想要有一點自主權？還有，

年輕漂亮的嘉柏麗兒，也會有一個公主夢嗎？她
會不會希望遇到一個不但富裕，而且有地位的黃
金單身漢，只要跟他結婚就能一步邁入上流社
會，不愁吃穿，不必工作，一下子解決她全部迫
在眉睫的問題？

● ☆ ● ☆ ● ☆ ●

　雖然離開了教養院，但是嘉柏麗兒依然要面
對「沒有家人支持」和「要怎麼樣才能活下去」
的基本問題；所有的夢想，在肚子餓的時候，都
沒有任何意義，所以學習一技之長，讓自己有本
事，起碼能解決三餐，是最實際的做法。

　所以嘉柏麗兒嘗試獨立的第一步，是進入穆
林市＊的一家也是教會辦的寄宿學校學習縫紉。
當時法國大部分的女孩子，都會進入這樣的學
校，學習烹飪、縫紉這些很實際的持家技能，為
自己日後結婚做準備。但是嘉柏麗兒沒有錢付學

＊穆林市 (Moulins)：法國中部阿利埃省 (Allier) 的首府。

費和住宿費用，學校就讓她做一些打雜的工作，比方說：打理宿舍的床鋪，在餐廳清洗蔬菜等等。

　　其實嘉柏麗兒在教養院的時候，就已經學了一些基本的縫紉技術，因此在穆林市的寄宿學校她沒有待得很久，離開學校以後，很快就在一家名叫「聖瑪麗」的裁縫鋪子裡當助手，這一段在穆林市的青少年歲月，是可可‧香奈兒最讓人搞不清楚的時光，她自己也不怎麼願意和別人提。

　　穆林市是一座古老的城市，離巴黎三百多公里，20世紀初人口有兩萬多，法國的騎兵團就駐紮在這裡。騎兵團多是年輕英俊帥氣的軍官，穿著鮮紅的馬褲，戴著大盤帽，說多瀟灑就有多瀟灑。而正值如花歲月的嘉柏麗兒，一頭深色的秀髮，高挑纖細的身材，

自然而然成了遠近知名的「裁縫鋪之花」，為小小的裁縫鋪吸引了很多「別有用心」的軍官客人。

小伙子抱了一個紙袋來：「老闆娘，我的褲子縫邊裂開了，需要補一下。」

「沒問題，你放在這裡，兩天以後來拿就好了。」

「可是我急著要穿，兩天可能太久了。」

老闆娘無可奈何的問：「那你說怎麼辦呢？」

「嘻嘻，我想我就坐在這裡等，讓她，」小伙子指著嘉柏麗兒說：「現在給我補吧。」

誰教「顧客永遠是對的」呢？裁縫鋪的老闆娘也只能心知肚明的讓嘉柏麗兒給客人服務。

「嘿，嘉柏麗兒，我們今天領了工錢，下班以後，去哪裡玩一玩吧？」裁縫鋪裡的同伴們建議。

「我們一起去咖啡廳喝咖啡吧。」活潑的嘉柏麗兒很開心的回答。

「好啊，那裡有很多騎兵團的帥哥，他們很

多人也會去那裡玩，說不定我們會在那裡遇見我們的白馬王子呢。」

這或許是嘉柏麗兒和她那些朋友放在心裡的一個少女夢：希望真有那麼一天，她們能在這些體面的軍官中，找到一個真心愛慕自己的白馬王子，騎上他高大的白馬，揚鞭飛馳，跑出這窄窄的裁縫鋪，迎向沒有邊際的另一方天地。

嘉柏麗兒和朋友們常去的那家咖啡廳，有在現場駐唱的歌手獻唱，喜歡唱歌的嘉柏麗兒偶爾也會上臺客串一曲，她的美貌和俏皮，十分受客人的歡迎。從 1905 年開始，咖啡廳的老闆正式請嘉柏麗兒固定在那裡表演，她欣然接受，這樣她白天還是在裁縫鋪工作，晚上的兼差不但可以滿足她的表演欲，還可以多賺一份薪水，何樂而不為？

「嘉柏麗兒，給我們唱一曲吧，我們都是專程為妳而來的喲。」年輕的帥哥們總是喜歡這樣逗嘉柏麗兒開心。

　　「沒問題，你們想聽什麼呢？」有這麼多人喜歡自己，來給自己捧場，嘉柏麗兒也很高興。

　　「就唱那首〈誰見了可可〉吧。」有人大喊，其他的人也在一旁起鬨：「妳就是我們可愛的小可可，哈哈。」

　　「對，可可，可可。」一屋子的人同聲起鬨，一邊拍手，和著節拍，一邊大聲叫著：「可可，我們愛妳。」

　　甜美的嘉柏麗兒在表演的時候，很喜歡唱一首〈誰見了可可〉，「可可」是歌曲中一隻小貓的名字，咖啡廳的顧客覺得她唱歌的神情很可愛，慢慢的，大家就開始戲稱她「可可」*，而逐漸忘記了她原來的名字「嘉柏麗兒」。

　　「喂，可可，妳知道嗎？在維奇城*有很多

---

*可可：這個名字究竟是怎麼來的，一直眾說紛紜，這裡說的只是一個比較多人相信的說法。有人說可可當時表演的歌曲是〈誰見了可可〉("Qui qu'a vu Coco")，也有的資料說她唱的歌是 "Ko Ko Ri Ko"，可可本人則從來沒有對這個名字的來源做過解釋。

家歌劇院，現在要招人去那裡表演，妳有沒有興趣去試一試？」同樣在咖啡廳表演的安妮，有一天告訴可可。

「真的嗎？謝謝妳告訴我，妳覺得我可以嗎？」

「當然呀，妳在我們這裡這麼受歡迎，如果我是妳的話，我就去試試看。」

可可聽了很受鼓舞，這一段時間以來，可可對自己的表演能力越來越有信心，她也非常希望能夠在表演這一行裡取得一席之地，得到成功。於是在 1906 年，她去參加了在維奇城歌劇院的試演。

「這個女孩子長得真漂亮。」每一個面試她的人都有同感。

「是啊，在舞臺上也很放得開，不會怯場，

*維奇城 (Vichy)：是法國一個以溫泉休閒設施聞名的城市，有許多咖啡廳、劇院等提供歌唱表演的場所。

跳舞也很自然，不僵硬。」
可可的表演也的確有可
取之處。

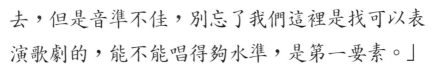

「是都不錯，但是
……」音樂總監實事求是
的說：「她的音色雖然過得
去，但是音準不佳，別忘了我們這裡是找可以表
演歌劇的，能不能唱得夠水準，是第一要素。」

眾人也同意音樂總監的看法，所以荳蔻年華
的可可，雖然青春洋溢，美貌動人，非常惹人注
目，但是唯一的缺點，卻也是要走歌唱事業最致
命的缺點，就是唱歌唱得不夠好，所以終究沒有
能夠在表演這一行得到出人頭地的機會。

現在大概很多人都覺得從事演藝工作能夠很
容易就賺很多錢，但是沒有衡量自己是不是有一
定的條件。中國人常說要在舞臺上發光發熱得要
「老天爺」賞飯吃才行，這句話的意思是說光長
得年輕漂亮還不夠，還要開口能唱、抬腿扭腰可

以跳舞、口齒清晰口白帶感情，而且演技一流。
外加：高矮適中、胖瘦合宜等等諸多條件都具備
了，還要碰上機運，才能一飛沖天、大紅大紫。
而且人要有自知之明，如果明明不具備這些條
件，還硬要勉強去做，那就不免耽誤自己的前途
和發展。

儘管可可希望能在表演這一行發展，但是自
從歌喉不佳，被打了回票之後，她馬上就認清並
且接受這個事實，以自己的條件，並不適合這一
行。因此她安安分分的回到裁縫鋪子，繼續尋求
下一個機會：從這一點不難看出，可可的個性非
常果斷，能客觀理性的認清並且接受現實，不會
做一些浪費時間和氣力的舉動。

還記得可可和她那些朋友之所以喜歡去咖啡
廳，是因為有個「尋找白馬王子」的少女夢嗎？
她們都盼望，在那裡能夠遇見一個適合託付終身
的對象。我不知道可可其他的朋友有沒有實現她
們的少女夢，但是可可倒是在這裡認識了第一個

影響她一生的人。

這個人就是艾提安‧巴松＊，艾提安出身上流社會，家族世代經營紡織業，家境富裕，過去也是騎兵團的軍官，出手大方，交友廣闊。1906年已步入中年的他，一見可可，馬上就被她迷住了，像小伙子一樣的對可可展開追求攻勢。記得我們前面說過可可童年的經歷，讓她渴望被愛，渴望擺脫貧困。而且或許出於補償的心理吧，一直缺乏父愛的她，很自然對年長的男性容易產生好感。因此雖然在別人的眼裡艾提安的年紀大了她一大截，可可還是

＊艾提安‧巴松 (Etienne Balsan)：一生都是多金的花花公子，樂於做一個單身漢，一直到1953年去世前終生未娶。他把可可‧香奈兒引入法國上流社會，雖然沒有和可可結婚，但是後來資助可可在巴黎開了第一家帽子店，始終是可可值得信賴的朋友。

決定離開裁縫鋪，去做艾提安的女伴，成為艾提安的家族豪宅中，他諸多女朋友中的一個，那個時候，她才二十三歲。

可可從此跟著艾提安一步跨入一個她從來不知道的世界。

當時法國的上流社會，生活放縱，「有辦法」的男人們多半都有不只一個「女朋友」，沒有人覺得同時跟許多女性保持親密的關係，有什麼問題，反而普遍認為有能力結交眾多「紅粉知己」的男人，才是有本事的男人。這些女人們，幾乎都被當成是男人的財產，男人們很喜歡把自己的女性朋友打扮得漂漂亮亮，穿戴得珠光寶氣的帶出去，好向別人炫耀自己如何有辦法、有財力、有面子，艾提安也不例外。

在艾提安的諸多女伴中，可可是年紀最小的一個，卻也是最特殊的一個。他寵愛可可，給她做華麗別緻的衣服，送她許多珍珠和鑽石首飾；但是，可可和艾提安其他的女伴很不一樣，她寧

可去騎馬，也不喜歡濃妝豔抹穿金戴銀的打扮。

富有的艾提安有一個馬場，可可非常喜歡騎馬，喜歡騎在馬背上那種奔放的感覺。她很有天分，很快就跟艾提安學會了騎馬。騎馬需要有騎馬的服裝，那個時候女人騎馬都還是穿著一襲長裙，戴著大大的帽子，側坐在馬背上，但是可可覺得這樣子騎馬不夠順暢，騎起來不夠過癮，她自有一套想法。

有一天，她去了專門幫她做衣服的裁縫那兒。

「香奈兒小姐，我沒有聽錯嗎？您要我給您做一條馬褲？」裁縫不敢置信的問，還特別提高聲調問「馬褲」那兩個字。

「沒錯，喏，量好我的尺寸，就像這樣給我做一條。」她還帶來一條艾提安穿的馬褲，拿給吃驚的裁縫。

馬褲做好了以後，可可跟男孩子一樣，跨騎在馬背上，一提馬鞭向前飛馳。她的身材嬌小，

個子清瘦，又穿得和一般騎馬的男人差不多，猛一看還真的分不出是男是女。後來，人家就戲稱她為「假小子」，不管走到哪裡都非常引人注目。

也因為跟艾提安一起，可可開始接觸上流社會的社交圈，她學習了上流社會的社交禮儀，在什麼場合穿什麼衣服，說什麼話。每一件小事，對她來說都是一個學習，但是，如果你認為可可進入上流社會的社交圈，就能夠按照上流社會的規矩來行事，那你就錯了，她絕對不會放棄她追求自由的個性。

看賽馬是當時上流社會的公子們喜歡做的社交活動，他們帶著打扮得花枝招展的女伴去看賽馬，就好像把賽馬場當成家裡的財富展示廳一樣。這些女伴都穿著最漂亮的衣服，用束腰把腰

綁得細細的，胸部不夠豐滿的塞布墊，太豐滿的
束馬甲。臀部太小的穿撐了鋼絲的裙子來「修
正」，屁股太大的，就乾脆穿上蓬蓬裙來「遮醜」，
好「製造」出豐滿的上圍和下圍，因為這才是當
時大家認為最漂亮的身材。

　　第一次去賽馬場的可可，她所有的注意力，
馬上就被眼前看到的仕女裝扮吸引住，倒並不是
因為這些女人穿得多漂亮，而是她們戴在頭上的
那頂帽子。

　　可可吃驚的在艾提安的耳邊說：「老天爺，你
看到了嗎，這些帽子，你不覺得活像是聖誕節家
裡的聖誕樹？所有的裝飾不管搭不搭，全部都堆
在頭上。如果是聖誕樹，還很熱鬧討喜，可要是
帽子的話，就讓人懷疑上面壓了這麼多東西的腦

袋，還能不能轉動思考。」

「小姐，拜託妳說話小聲一點，讓別人聽到不好。而且，妳沒看到，很多人都在注意妳嗎？」

的確，可可絕對也是賽馬場中的另一道風景，很多人都在對她指指點點，尤其是女人，她們注意可可，也是因為她的帽子和衣服。

可可是打死也不會戴當時那種她口中像聖誕樹一樣，裝飾過度的帽子，她戴的是自己親自操刀動過手腳的。她把過分寬大的帽簷修窄，去掉一大堆她覺得亂七八糟的裝飾，然後用做衣服剩下的布料，添一圈畫龍點睛的帽邊，再加上一個醒目的別針，或者一根別緻的羽毛製品，或者是數個單只奪目的耳環。是啊，別人都把別針別在衣服上，耳環戴在耳垂上，對可可來說，這些東西都是無處不可以別、不可以戴的。就好像，別人都把項鍊釦理所當然的放在頸子後面，但是只要可可覺得這個項鍊釦夠特別、夠出色，她是一點也不介意把項鍊釦放到脖子前面，給它「項鍊

墜」的待遇，這就是可可。

　　當她戴著只保留了簡單裝飾大方的帽子，穿著沒有束腰鋼絲馬甲布墊，腰身寬鬆的長裙出現在賽馬場的時候，她特別的裝扮，馬上就抓住了所有人的目光，達到一鳴驚人的效果。

　　源於自己坎坷黑暗的童年生活，在可可的少女夢中，能跟一個心愛的男人步入結婚禮堂，為他生兒育女，組成一個溫暖的家，是一個很主要的部分，艾提安是能讓她圓這個夢的男主角嗎？

　　雖然在眾多的女朋友中，艾提安最鍾愛可可這個小不點，但是玩世不恭的他，卻一點沒有要和可可結婚、建立一個固定的家庭、放棄他那隨性風流、日日風花雪月生活的打算。而到後來，可可也越來越明白了

上流社會不成文的婚姻規則，在重視出身家世的法國上流社會，像艾提安這樣的身分背景的富豪就算要結婚，也絕對不會娶像她這樣一個出身貧賤、在教養院長大的女孩，如果那樣，他必定會成為大家的笑柄。

此外另外一件事情也加深了可可和艾提安之間的不和，就是可可很希望能發揮她在改裝帽子時所展現的才華，因為有越來越多不認識的女人，口耳相傳的找到可可，想要可可幫她們製作像她戴的那種特別又好看的帽子，這讓可可有了要開一家自己的店的想法，但是這個提議完全不被艾提安認可。

「妳不要開玩笑了，我的女人怎麼可以到外面拋頭露面的做生意？」艾提安非常不悅：「要是被別人知道了，還以為我養不起妳呢，這樣一來，妳把我的面子放在哪裡？」

「可是，可是……」

「沒有什麼可是，不行就是不行。」艾提安

舉起手，向可可做了一個「免談」的手勢，霸道而堅決的一錘定音。

可可的第一個少女夢，只用了一年多的時間，便完全破碎了。

就在 1908 年，可可認識了她生命中第二個重要的異性，一個英國紳士，也是艾提安的好朋友鮑伊・卡柏*。

鮑伊是英國的工業家，家族投資經營煤礦，家境殷實富裕，長相英俊，有一對綠色迷人的眼睛。他受到可可特殊氣質的吸引，雖然知道可可是好友的女伴，但是在社交活動百無禁忌的法國，他依然和艾提安一起對可可發動追求攻勢。整整一年的時間，他們兩個人對可可爭來爭去，可可夾在他們中間，從開始的無所適從，到後來認清情勢，最後決定離開艾提安，和鮑伊一起到

花都巴黎去。雖然她也知道，鮑伊跟艾提安一樣，身邊的女伴儘管不至於多到數不清，但也絕對不是只有可可一個人。

艾提安在巴黎有一間空著的公寓，鮑伊說服他把公寓提供出來，自己提供其他必須的資金，兩個人一起，幫可可開了她第一家店，專門做帽子*。

從 1900 年離開教養院，到 1910 年在巴黎開店，有了自己的事業，可可·香奈兒在這十年中學會了針線技巧，在咖啡廳唱歌，有了「可可」的別名，想成為舞臺上的歌唱演員但沒有成功，經由結交身家不凡的情人，進入上流社會的社交圈，而且在他們的幫助下，踏出創業的第一步。

---

*鮑伊·卡柏 (Arthur Edward "Boy" Capel)：英國企業家的後代，喜歡打馬球，但是他最讓人印象深刻的是作為可可·香奈兒的愛人。

*可可的帽子店：店名「香奈兒時尚屋」(CHANEL Modes)，開在巴黎康朋街二十一號 (21 rue Cambon in Paris)，絕對是香奈兒迷朝聖的必到之地。

逆風而飛

　　你坐過飛機嗎？若沒有坐過也沒關係，你總放過風箏吧？風箏怎麼才能飛得高？如果順風放風箏，風箏絕對飛不起來，必定會墜落地面。飛機也一樣，如果順風，也飛不起來，一定要逆風而上。

　　「一窩蜂」就是順風，有人賣鳳梨酥發財，你也去賣鳳梨酥，看到別人穿短裙受到稱讚，你也不管自己腿好不好看，就改穿迷你裙。總而言之，別人怎麼說、怎麼做，你就怎麼說、怎麼做，像這樣跟在別人腳步後面，你覺得有機會成功，有機會出人頭地嗎？

● ✪ ● ✪ ● ✪ ●

　　在可可開店的 1910 年代，一般女人的穿衣美

學和審美觀，一句話，就是想盡辦法，用馬甲、束腰、鋼絲、布墊等「工具」，把女人的身體「製造」出前（胸）凸，後（臀）翹，中（腰）細，下（圍）圓的完美效果。只是，這樣的非自然的「完美」，別人從外面看起來或許覺得很美，但是就苦了穿成這樣的「裡子」，炎熱的夏天，在層層馬甲裡汗如雨下的滋味，你能想像嗎？

中國有一句話說得很貼切，就是「女為悅己者容」，意思就是說，女人肯費心打扮自己容貌的理由，完全是因為要讓喜歡自己的人看了覺得喜歡和高興，這樣的「動機」，我想古今中外都一樣。中國唐朝時期的審美標準，女人不能太瘦，要豐滿的才是普遍認為的美，所以生在那個時代的女人，大概不必為了瘦身傷腦筋，相反的，可能得費盡心思來增重。等到了以纖細為美的宋朝，女人就開始為了苗條而節食，因此也不能怪那個時候的歐洲女人，只要能讓心儀的男子高興，她們從來就沒有想過穿衣服或許也可以有另

外一個選擇。

「今天晚上我帶妳去一家有名的飯店吃飯，要好好打扮一下哦。」鮑伊說。

可可跟鮑伊在一起的時候，有一回為了要讓他「有面子」，她也不能免俗的穿成前凸後翹中細下圓的「標準」，跟鮑伊去吃晚飯。

打扮，對可可來說，從來就不是難事，她穿上一件剛在裁縫那裡訂做好的新衣，是她最喜歡的紫色，雖然緊得有一點不舒服，但是只要一想到，自己的光鮮亮麗，能讓鮑伊在人前覺得自豪，她也就心甘情願的不抱怨了。

到了飯店以後，她果然吸引了很多人的目光，鮑伊也很得意，但是馬上問題來了，可可發現她的腰束得太緊，她悄悄對鮑伊說：「親愛的，可不可以請你幫我從後面把腰上的釦子解開，衣服太緊了，我沒法子坐下去。」鮑伊就趁著幫她拉椅子的動作，不落痕跡的轉到她身後，「吸一口氣。」他湊在可可耳邊輕聲的說。可可深深的吸

進一口氣，同時縮腹，這才人不知鬼不覺的把可可腰上的釦子給解開了，讓她得以順利入座。

　　那一餐飯可可真是吃得不知道是什麼滋味，菜當然是美味的好料理，但是束在腰上的馬甲還是那麼緊，箍得胃很不舒服。

　　好不容易吃完飯，但是問題更大了，吃飽了以後，可可的腰圍自然變得更粗，就算站起來，也不可能把腰間的釦子扣回去。而且失算的是，那件衣服沒有設計外套或者披肩，連個可以遮醜的道具都沒有，所以她只好就那麼「衣衫不整」的回家啦。

　　這一次的經驗，給了可可一個非常深刻的教訓。如果是一般的女人，一定痛定思痛的開始節食努力雕塑身材，但是可可‧香奈兒可不是一般的女人，從那一次以後，她就跟馬甲說「拜拜」，發誓永遠不穿會讓自己感到不舒服的衣服，就算是為了讓喜歡自己的人高興也絕不妥協！

　　於是，怎麼做出她覺得漂亮、願意穿，而且

穿了能讓自己舒服的衣服，逐漸就成了可可設計衣服、剪裁女裝的最高原則。後來，可可自己得意的說過這樣的話：「女人的身體在厚重的禮服、胸衣、馬甲、鐵絲、和層層的裝飾、布墊下流汗不止，是我解放了她們的身體。」我相信這是因為她有過切身不愉快經驗的緣故。

● ☆ ● ☆ ● ☆ ●

　　可可開了這家帽子店，請來媽媽最小的妹妹、年紀比她還小一點，跟她親如姐妹的小阿姨愛德麗，和妹妹安托尼特一起幫忙。她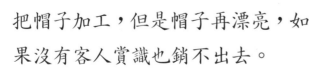買來沒有裝飾的草帽，然後憑著自己高人一等的針線手法和慧心巧思，把帽子加工，但是帽子再漂亮，如果沒有客人賞識也銷不出去。

　　「愛德麗、安托尼特，我們休息一下，來。」小阿姨和妹妹放下手邊的工作，不知道這個年輕

的「老闆」又有什麼花樣。

可可拿起兩頂帽子，往妹妹和小阿姨的頭上一戴，自己也挑了一頂：「來，我們出去走走。」她們這三位妙齡美女走在路上，再加上頭上獨樹一幟的帽子，路人的「回頭率」和「詢問率」幾乎是百分之百的。

非常懂得行銷術的可可，除了自己穿戴店裡的帽子四處走動，鮑伊也利用自己的人脈，幫可可介紹上流社會有影響力的諸多仕女、藝術家、有名的歌手，和舞臺演員們成為她的客人。這些希望到哪裡都能讓人對她們行注目禮的名女人，都很喜歡可可巧手下別出心裁的帽子。這些人的曝光率也很高，因此報章雜誌上，頻頻登出她們戴了可可帽子的相片。這就給她的帽子做了成功的免費宣傳，進而造成一股風潮。再加上，那個時候的女人，普遍都已經厭煩了帽子上大而無當的繁瑣裝飾，因此對可可店裡推出的帽子新款趨之若鶩，讓她的生意才開張一年就越來越興旺。

　　「香奈兒女士，我很喜歡妳做的帽子，可是我怎麼總覺得我戴起來，跟看妳戴的不太一樣呢？」在可可的店裡，她常常遇見這樣的客人，買了她們認為漂亮的服飾，但是不懂得怎麼穿才好，可可總能給出很「個性化」的建議。

　　她左看看右瞧瞧，然後把戴在客人頭上帽子的帽簷往下壓了壓：「像這樣，將帽簷遮住眉毛，剛剛好在上眼皮這兒，這樣一來就透著一種神祕的誘惑感。您看如何？」

　　「太神奇了。」從鏡子裡，客人看到的是一個連她自己都從來沒有見過的嫵媚女子。她十分驚奇，怎麼同樣的帽子，只不過經可可動手調整了一下角度，就呈現出完全不一樣的風情？

　　像這樣的戲碼，幾乎天天都在可可的帽子店裡上演。「香奈兒帽」成功的為可可賺來了創業的第一桶金。

　　但是這第一桶金，還並不屬於可可。當初開店的公寓是艾提安的產業，雖然鮑伊貢獻了部分營運資金，但是絕大多數的資金是他把可可的店拿到銀行去抵押，才從銀行貸到錢，因此在向銀行貸款的錢還清之前，嚴格的說來，這家帽子店的主人是銀行，並不是可可。

　　當可可從鮑伊的解釋中了解到，原來自己暗暗高興得意，以為已經掙到的經濟上獨立，都還只是一個空殼子，她真是大吃一驚：「天哪，我以為我賺的錢都是自己的，可以自己隨心所欲的支配，沒想到其實全都還是銀行的。」她心裡源自童年貧困的不安全感，馬上復活。於是，可可很嚴肅的告訴帽子店幫她管帳的財務：「我開這個店可不是好玩的消遣。所以，沒有我的允許，不可以用我，或者我的店的名義去任何地方貸款，

或者向任何人借錢。」然後，她比以前更拼命的投入工作，花了一年的時間，終於還清了銀行貸款。

「太好了。」還清貸款的那天，可可心滿意足的說：「這家店終於實實在在屬於我了。」

一家小小的帽子店，當然不能滿足可可的企圖心，1913年她又在杜維埃*開設一家精品店。杜維埃距離巴黎兩個小時的車程，是世界知名的海水浴療養地，海水湛藍，沙灘漂亮，到了夏天更是度假勝地。當可可第一次到這裡的時候，觀察力超強的她，就發現了一個很奇怪的現象。

「妳們注意到了嗎？」可可對愛德麗和安托尼特說：「這些女人好可憐哦。」

「可憐？妳沒有發燒、頭腦還清楚吧？」愛德麗笑著說：「能跟男朋友或者先生到這裡來度

---

*杜維埃 (Deauville)：法國北邊的海濱城市，到了夏天，是著名的度假勝地。

假的女人，都是不愁吃穿的貴婦人呢，妳竟然還覺得她們可憐？」

可可說：「可是妳看她們穿的。」

安托尼特覺得很奇怪：「她們穿的有什麼不對嗎？我看她們都穿得很漂亮呀。妳看剛才走過去的那個女的，她穿的那件翠綠色的長裙和上身雙層荷葉邊的襯衫，跟我上次在巴黎一個朋友的舞會上看到的幾乎一模一樣，有什麼問題嗎？」

「是啊，她們穿的是很好，但是穿得『不對』。」可可一針見血的指出：「妳們看，到這裡來度假的男人，他們在沙灘上穿著短衫和短褲，在享受陽光海風的時候非常自在。可是女人們呢？還是得長裙衫襪層層包裹，這樣在沙灘上走，哪裡是『休閒』，根本就是『受罪』。」

同為女人，可可為到此度假的女人覺得很不平，原本她就是個不按牌理出牌，天不怕地不怕的女人。看到這樣的情況，馬上想到的是應該把女人的身體從正式的服裝中解放出來，讓女人們

也能真正享受度假的清閒。

　　於是，她用輕薄的布料，動手縫製出寬鬆的衣服，還按著男人褲子的式樣做了給女人穿的褲子，推出一系列「休閒運動服」概念的女裝。然後故技重施的鼓動愛德麗和安托尼特跟她一起穿了，到人多的地方四處去做活廣告。

　　「誒，妳們看，妳們快來看。」

　　「她們怎麼穿成這樣？好奇怪哦。」

　　「嗯，不過她們看起來很舒服的樣子，不像我，我現在熱得要死。」

　　「我也是，而且老實說，這樣穿好像也不難看。」

　　「同意，不但不難看，我還覺得好特別呢。」

　　一路上，經過她們身邊的男男女女不停的指指點點，耳朵裡若隱若現的傳來各種的評論聲。可可神情自

若，但是個性內向的愛德麗和安托尼特，對於招來這麼多的注目禮，覺得簡直快瘋掉了，恨不得找個地洞鑽下去才好。

你現在或許覺得女孩子穿裙子或者穿褲子，都是很自然很平常的事情。可是在那個年代的歐洲，褲子是男人的服裝，女人只穿裙子，如果穿著露出腳踝和小腿的衣服是不可想像的。因此，可可她們輕便寬鬆的穿著，看在那些被束腰、馬甲、鋼絲長裙包裹得密不透風的女人眼裡，甭說有多新鮮，多讓人羨慕了。

總是有好奇的人把她們攔下來：「請問，妳們穿的這些衣服，是自己訂做的，還是在哪一家店買的？」就這樣，一傳十，十傳百，口耳相傳，光顧她的客人就越來越多了。但是真正的成功還在後面。

1914 年，可可在杜維埃的店開張沒多久，歐洲就爆發了一場主戰場在歐洲，但後來波及全世界的戰爭，歷史上稱為「第一次世界大戰」＊，

主要是以英國、法國為首的「協約國」，和以德國為首的「同盟國」之間的戰爭。

戰爭開始以後，鮑伊也必須離開，加入戰事，臨走以前他告訴可可：「我覺得，雖然現在在打仗，但妳的生意應該還可以繼續。」

「我也這樣覺得，不過，我想戰時服裝店推出的服裝，應該要有一些變化，畢竟戰爭期間，整個國家社會的氛圍跟平時不同。」可可沉吟了一下，很慎重的說。

的確，就拿做衣服的材料來說吧，戰時物資缺乏，一些平日用在女裝上常見的布料，都因為戰爭的關係沒有了來源，很多服裝店在這個時候都暫時停止營業。但是，這樣的難題到了可可的手裡，則是「窮則變，變則通」。

＊**第一次世界大戰**：協約國的成員有英國、法國、俄國、義大利、美國，中國在 1917 年 8 月 14 日正式對德、奧宣戰，加入協約國陣營。同盟國的成員有德國、奧匈帝國、土耳其和保加利亞。戰爭從 1914 年 7 月延續到 1918 年 11 月，是歐洲歷史上破壞性很強的戰爭之一。

　　有道是「巧婦難為無米之炊」，意思是，如果沒有可以下鍋的食材，就算你是個有世界級手藝的廚師也沒轍。但是真正有本事的廚師，是能在手頭選擇不多的食材限制下，具備同樣能做出頂級美味佳餚的手段，可可就是像這樣的一個優秀廚藝家。

　　她第一步，就是走訪一些平常供應布料的批發商，看看大家現在手頭究竟有些什麼樣的布料。

　　布商抱歉的對可可說：「對不起，香奈兒小姐，因為戰爭的關係，從英國來裝著布料的商船，在海上被擊沉了。現在的戰事很緊張，我們可能會有一陣子沒有辦法提供您平常愛用的那些布料了。」

　　「嗯，那麼，你現在庫房裡究竟有些什麼料子？」

　　「都是些對您沒用的東西。」

　　可可聽了笑問：「你怎麼知道對我沒用？」

「您做的是高級服裝，總不會用到這些不值錢的針織布吧？」供應商搓著手笑著解釋：「這就是我現在僅有的東西了。」他又加了一句：「不單是我這兒，現在巴黎的供應商大概都只有這些布料了，而且還賣不出去呢，真是抱歉哪。」

針織布是一種用機器上下針的變化織出來的布料，以往主要拿來做運動服，或者男人的內衣。因為這種布的特點是有彈性、吸汗，而且柔軟，貼身穿感覺非常舒服，不是服裝設計師會考慮用的高級布料。可可靈機一動，馬上決定：「沒關係，你有多少針織布，全部都賣給我吧，而且既然銷路不好，我也只出六成的價格，怎麼樣？」

布商臉上一陣陰晴不定，無奈的說：「您可真會做生意啊。」他一定後悔自己多嘴，說了什麼「賣不出去」的蠢話，讓可可有了殺價的藉口。

於是，可可這個「大廚師」，現在能用的「料」就只有一樣「針織布」，至於怎麼來「料理」這一味，就得考驗她這個「巧婦」的功力了。

　　在第一次世界大戰剛開始的時候，美、英、法等協約國陣營的戰事進行得並不順利，法國北部很快被德國占領，很多居住在巴黎的人，都跑往南部避難，杜維埃也湧進了很多巴黎來的人。當時男子幾乎全部都被徵召上了戰場，杜維埃也和法國其他的地區城市一樣，幾乎只剩下女人在那裡撐大局。

　　女人們不得不走出廚房，走出平日養尊處優的環境，進入醫院擔任醫護工作，在工廠管理機械、開拖拉機，到農場放牧擠奶，跳上交通工具駕駛車輛。這些工作，都不允許女人還穿著以往那種拖地長裙，或者袖子領口滿是荷葉邊和絲帶裝飾的襯衫。

　　聰明的可可把這個情勢看得非常明白，於是就用既柔軟又吸汗的針織布，模仿男人襯衫的簡單樣式，設計出線條

寬鬆簡潔的襯衫。然後再把拖到地面腳背的長裙截短，改成只遮住膝蓋的及膝式樣。這樣一來，可以方便女人們在各種工作場所活動，而且讓她們穿起來不但大方舒適，也不失嫵媚動人的氣質。更重要的是，這種相對樸素的服裝，符合戰爭時期崇尚節儉的社會要求。而且因為布料來源充裕，進貨價便宜，所以可可訂的售價也不高，即使是經濟不寬裕的婦女，都可以負擔得起。於是，她給這一系列的衣服起了一個俏皮的名字，叫做「窮女郎」。

「窮女郎」讓女人們在工作的時候不但可以活動自如，而且能夠保持美麗的外觀。一推出，就立刻被愛美的女性搶購一空，也讓可可被美國著名服裝雜誌 "Vogue" 冠上 「針織女王」 的封號。

於是，戰爭的危機，讓大多數一成不變的女裝店陷入困境，卻成了可可事業上的轉機。這也是可可・香奈兒掀起的第一波對女子服裝的革命

之風，影響之大，就好像是漲潮的海水一樣，沒有人能夠擋得住。

她藉著服裝的改革，解開了女性身體的束縛，而身體行動的自由，更直接改變了女人生活的形態。從事事都得仰賴男人幫忙的從屬地位，到可以隨意自己掌控的主動地位，這也直接對後來女權運動的興起產生推波助瀾的作用。

你或許會奇怪，衣服怎麼會跟女權運動扯上邊呢？想想古時候的中國吧，那個時候的女人從小就被裹上小腳，行動不便，一輩子不能隨意走路、奔跑，就只能「大門不出，二門不邁」，遠的地方去不了，粗重的工作也沒有辦法做，久而久之只能依附男人而生。作為附屬品，說的話自然不受重視，當然也談不上有什麼家庭和社會地位，只好處處低男人一等。西方女人也是一樣，為了討男人歡心，甘願用束腰和馬甲，硬生生把自己身體的自然曲線，「修改」成像梨子般有凸有凹的形狀。如此，又怎麼可能和男人一爭長短，

爭取權力地位？因此衣著和社會地位間，總是存在著一種微妙的相關。

可可的名聲藉著這一波「窮女郎」運動服裝系列一下子就打響了。她乘勝追擊，1915 年在比亞里茨＊開設了第一家以女人服裝為主的時裝屋，大名鼎鼎的「香奈兒」品牌，就此正式誕生，可可也成了擁有三家服裝店的女企業家。

你是否有些疑惑，可可有兩個那麼有錢有地位的男朋友，並沒有經濟上的壓力，為什麼還要辛辛苦苦的自己開店做生意呢？這也是她第一個男朋友艾提安不能理解的事情，他們還在一起的

＊比亞里茨 (Biarritz)：位於法國西南部，是法國大西洋沿岸最豪華，最得天獨厚的度假勝地，也是法國上流社會最喜愛聚集消磨假日的首選之地。

時候，就時常為了可可想要發展自己事業的事情爭吵，這也是最後導致他們分手的主因。

可可的沒有安全感和她過去的成長經歷有關，從小失母又被父親遺棄的經歷，使她深刻的感覺到：如果連骨肉至親的父母都沒有辦法成為她的依靠，那男朋友就更靠不住了，她能靠的就只有自己。有道是：「靠天天會倒，靠人人會跑，只有自己最可靠」。所以，就算可以依附著別人過上衣食無缺的生活，她還是堅持得有能夠掌控的事業，才能有安全感。可可第二個男朋友鮑伊能夠了解她的這種心理需求，所以才幫她說服了艾提安，一起資助她，讓她有自己的事業，這也是可可終其一生認為鮑伊才是最了解她的知己的主要原因。

其實，鮑伊一開始贊成可可開創自己的生意，是因為他知道可可為了這個和艾提安鬧得很僵，為了討美人的歡心，他當然要採取跟艾提安截

然相反的做法才行。他原本的意思，只是想讓可可玩玩就好，但是沒有想到可可竟然玩出了一個這麼大的局面，難怪他後來感慨的說：「我以為給了妳一個玩具，但是沒有想到真正給了妳的，是自由。」的確，從此以後，可可再也不必看任何人的臉色過日子，對自己的人生有了真正的自主權，她也由此更確立了「做自己的主人，只依靠自己」的信念。

04

無窮的鬼點子

　　如果你這次的月考，從上次的全班前二十名，進步到全班前十名，你一定很高興吧。如果下次還能進步到全班前五名，甚至拿下全班第一名，相信不單是你，你的父母也會跟你一樣的高興。在運動會上，我們常常看到這樣的標語，鼓勵參加比賽的運動員，要追求「更高，更遠，更快」的成績。那麼，你有沒有想過，如果有那麼一天，在你擅長的領域裡，已經得到全班第一名，或是全年級、全校，甚至全市、全國、全亞洲第一的頭銜，下一個目標應該在哪裡？那些在奧運會中得到全世界第一頭銜的運動員們，他們的「更高，更遠，更快」又在哪裡？

　　自己不喜歡的東西，不要強加在別人的身

上，這是一種美德，也就是我們常說的「己所不欲，勿施於人」。如果能把這樣的「同理心」再進一步積極的發揮，就是如果有自己喜歡的東西，希望能讓大家都享受到，也就是「好東西要和好朋友分享」的「己所欲，施於人」。

　可可在服裝設計這一行之所以能夠取得空前的成功，完全歸功於她能誠實的面對自己的好惡，並且希望經過她設計出來的服裝，能幫助其他女性擺脫傳統穿著帶來的不適，進一步愉悅的穿出自己的個性美，成為自己身體的主人。

　可可曾經這樣說過：「我從來沒有想過要領導潮流，或者創造潮流，我只是很了解自己的需要，只想讓自己穿得舒服而已。」這樣看來，你或許會認為她的成功全是偶然，但是僅只是「了解自己」，就是許多人做不到的，或者從來沒有想過的課題，你了解自己嗎？許多成功的人，之所以成功，都是能夠從自己的需求出發，看到大眾的需求，進而掌握市場，引領風潮。

跟其他的設計師不同，可可設計出來的衣服，做好了以後，她一定要自己穿穿看，體會一下衣服穿在身上的感覺是不是夠舒適。她自己不喜歡拖在地上的長裙、厚重的布料、緊身的馬甲、一層又一層的襯裙、讓人不能呼吸的束腰，所以在她設計的衣服裡，絕對沒有這些東西。她喜歡輕柔的布料，穿在身上能展現自然曲線，不但有修飾身材的作用，而且觸感舒服，行動方便。

口碑是最好的廣告，可可設計的衣服，掛著「香奈兒」品牌的服裝，很快就擁有一批忠實的顧客群。那個時候服裝雜誌還寫文章宣稱，如果你沒有一套香奈兒的衣服，就稱不上是跟得上流行的女性。

可可設計的服裝，很多都是開風氣之先。在她的腦子裡，沒有什麼男裝女裝的分別，只有穿起來舒服不

舒服，實用不實用的考慮。

　　從她拒絕像聖誕樹一樣裝飾繁瑣的帽子開始，到在度假勝地杜維埃開始設計裁製的女子褲裝和運動服系列，可可一直是勇敢的走在時代的尖端。在那個年代，女人穿衣服露出雙腿，是會讓人側目的事情。女性平常不管是在家裡，或者參加宴會，都是一襲長裙。但是配合戰時女性工作的需要，她大膽把女性的裙子裁短，先是露出小腿，後來連膝蓋也露出來。從此，那種女人不分季節、場合，人人皆是一襲拖地長裙的「盛況」，永遠一去不復返了。

　　可可有一個本事，就是她雖然不會畫圖，也不會裁布樣，卻能直接在模特兒的身上開工。只要有一枝筆，一條皮尺，和一把剪刀，她總能精準的把不合適的地方修改得讓人滿意。有一次，她手裡拿著筆和皮尺，聽到店裡展示產品的區塊人聲喧嘩，她就起身走去看看，原來是一些從事表演藝術的朋友，來她的店裡看看有沒有什麼新

做出來的衣服式樣。可可迎上前去，但手裡的東西沒有地方放，她馬上靈光一現「為什麼不在裙子上縫個口袋呢？」於是，香奈兒開始為女性推出有口袋的裙子。當然，不是每個人都會在口袋裡放筆和皮尺，但是哪個女人沒有鑰匙、手絹、脫下來的耳環、手套這些小東西需要臨時找個地方放呢？

又有一次，在賓客雲集的宴會上，可可的左手拿了一個織了珠花的皮包，右手拿了一杯飲料，正跟朋友談得高興，忽然看到另一位閨中好友，她快步走去，想握一握好友的手，同時看到對方手中的盤子裡，有塊漂亮的小蛋糕，看起來非常好吃的樣子。很顯然，對方也很高興見到可可，想要過來抱抱她，但是她沒有拿盤子的另外那隻手裡，也拿著一個跟身上禮服配成一套的皮包。

「真是不方便哦。」可可不禁想：「拿了皮包的女人，就只有一隻手可以用，難道就沒有別的

辦法，能讓女人既能拿上皮包，也依舊有兩隻手可以運用自如？除非，皮包不必拿在手上，那麼皮包就必須……」於是，一款在精品界掀起革命的皮包式樣「2.55 菱形格紋包包」就誕生了*。在此之前，女性的皮包都只能拿在手裡，可可給皮包加上鍊子，讓皮包可以背在肩上。

「哎呀，又弄髒了。」某天，可可低頭看了才走過草坪的米白色便鞋，鞋子的頭面上，染上草地的綠色，顯得髒兮兮的，很不好看。「對了，既然這麼容易就弄髒，我何不就乾脆在鞋子頭的部分，包上黑色，這樣就不怕了。」可可為自己找到解決之道而覺得興奮不已。香奈兒這一款包了黑頭的雙色女鞋，很快就成為巴黎仕女人腳一

---

*香奈兒 2.55 菱形格紋包包：1955 年 2 月推出，為香奈兒的經典產品之一。採用 15 世紀的衍縫 (Quilting) 工藝，把包面縫成一格一格的菱形。這一款設計推翻了過去女性使用皮包的習慣，讓女性不再因為攜帶皮包而失去雙手的自由。最初 2.55 包包外部是黑色的，內裡是酒紅色，據說是可可童年在教養院中制服的顏色，而她設計的金屬背鍊，據說是當年教養院舍監腰上繫的鑰匙鍊給她的靈感。

雙的時尚必備品。

　　她設計的服裝加入了很多以前只有在男裝中才有的元素，讓女裝多了些許灑脫和俐落的精神。比方說，在女襯衫的袖子上加上袖釦，還有針織水手服風格的家居服，就連一直到現在還有人穿的喇叭褲也都是可可的作品。她讓女裝脫離繁複的裝飾，走向舒適中性。許多人一定想不到，現代人推崇的中性裝扮，其實是在上一個世紀，就已經由可可‧香奈兒首開風氣之先了。

　　雖然在時裝設計的領域取得空前的成功，可可卻不是一個故步自封的人。她並不是只知埋頭設計服裝，對其他領域一概不關心、不涉獵的那種人，相反的，她的求知欲很強，好奇心很重，看世界時總用一種孩童式的新奇目光，願意嘗試和學習不同的事物。

　　從第一次世界大戰1918年結束，到1929年美國股市大崩盤所引發的經濟衰退這段時間，是歐洲最安逸奢華的十年，它滋養了文化藝術的蓬

勃發展，可可也在這一段時間裡面，因緣際會認識了許多各種表演的藝術家和文創工作者*，後來也為芭蕾舞劇和舞臺表演設計演出服裝*。因此我們可以知道，可可是一個願意多方面嘗試，企圖心很強的人。

很多人都很好奇，在可可‧香奈兒的腦子裡裝的是什麼樣天馬行空的想法，為什麼她總能想到別人想不到的東西？敢去做沒有人敢做的事情，從來不把傳統禁忌放在眼裡，最好的例子，就是香奈兒有名的「小黑裙」。

因為擔任芭蕾舞劇和舞臺劇的服裝設計，可可有一次有機會站在舞臺後，透過帷幕看向觀眾

---

* **可可從事表演及創作的朋友**：有畫家畢卡索 (Picasso)，舞蹈家塞爾吉‧里法 (Serge Lifar)，作曲家斯特拉溫斯基 (Igor Stravinsky)，詩人皮埃爾‧勒韋迪 (Pierre Reverdy)，詩人、導演、編劇家尚‧考克多 (Jean Cocteau) 等人。

* **可可參與的作品**：1922 年，尚‧考克多改編希臘悲劇《安提戈涅》，由畢卡索負責布景設計，可可‧香奈兒擔任服裝設計，成為一時的「鐵三角」組合。同年的芭蕾舞劇《藍色列車》，也是由他們三人負責，一時之間成為法國藝壇的盛事。

席。她看到那些盛裝的女人，穿得妊紫嫣紅，令人眼花撩亂，當下她就說：「我總有一天，要讓這些女人都穿上黑色。」

當時法國著名的服裝設計師，也是可可強大的對手，有「時尚之王」美譽、喜歡推出「時髦色」的保羅‧普瓦雷，輾轉聽到可可的「狂言」，不禁當著面嘲笑她：「香奈兒女士，妳想讓所有的女人都穿上黑色，請問，妳覺得她們是在為誰服喪啊？」

跟在中國一樣，在歐洲，黑色也不是什麼吉祥討喜的顏色，都是喪禮上的主色調。平常沒有事，歐洲的女人也是不會隨便把黑色穿在身上的，也難怪保羅聽到可可的狂言會這樣帶著嘲諷語氣的笑問她。

沒想到，可可沒有畏懼，眼睛眨也不眨的正視著保羅的雙眸，一本正經的回答他：「是為了你喲，閣下。」這一句話令保羅聽了為之氣結。

可可之所以敢這樣說，也不是沒有理由的。

美國的福特汽車公司﹡，在 1908 年開始發行著名的福特 T 型車，到了 1918 年底，美國有一半的車子都是福特 T 型車，而這一款受顧客歡迎的車型，又都是清一色只有黑色。可可相信，如果男人能接受黑色的好車，女人就沒有理由不會接受好看的黑色衣服。

1926 年，四十出頭的可可，推出香奈兒至今無可取代的「小黑裙」。

在可可的眼裡，黑色可以消融一切花花綠綠的顏色，而不被消融。在剪裁簡潔的黑色洋裝上，搭配不同的飾物，就能呈現出不同的風采，可以讓人完全忘記當事人穿的是同一件黑色洋裝。佩戴珍珠項鍊，氣質高貴；改搭鑽石珠寶，則華麗耀人，就算只繫一條彩色絲巾，都可以盡情展現青春活潑、熱情洋溢的特色。總而言之，香奈兒

﹡福特汽車公司：由亨利‧福特 (Henry Ford) 成立，在 20 世紀發展得如日中天的時候，和「通用」、「克萊斯勒」被公認是底特律的三大汽車生產商，主宰著美國的汽車市場。

的小黑裙，對象沒有老少之分，所有的女人都可以在這一襲黑衣上，把自己的個性發揮得淋漓盡致。所以，很快黑色就成了巴黎社交圈最當令的顏色，大家都知道，起碼妳得有一件香奈兒的小黑裙，才算跟得上潮流。

美國最著名的時尚雜誌 "*Vogue*" 更宣稱，可可所設計的小黑裙，就是香奈兒的「福特」。

● ○ ● ☆ ● ◎ ●

在可可的生命裡，有幾個對她的一生有決定性影響力的男士，除了引領她進入法國上流社會的艾提安，支持她創業的鮑伊，另外一個就是俄羅斯的迪米崔公爵。

第一次世界大戰結束前後，巴黎的上流社會迎來了一批又一批從俄羅斯流亡到此的貴族與藝術家，這些人帶來的異國風情，給法國的藝術界

注入新的靈感。可可認識了俄國沙皇尼古拉二世的堂弟迪米崔公爵，兩人維繫了一個短時間的戀情，而迪米崔為可可介紹了一位，日後對香奈兒事業產生巨大影響力的人，調香師恩尼斯・鮑。

恩尼斯和迪米崔公爵一樣，出生於俄國，在完成了調香師的課業和訓練之後到了法國，在法國南部成立了一間實驗室，研究調製香水，到了1920年代已經成為法國香水界的第一號鼻子。

當時，可可早就已經在思索香水這件東西，因為在她整體設計的觀念裡，除了頭上的帽子，身上的衣服，腳下的鞋子，這些視覺上直接的呈現外，嗅覺也該是裝扮一個女人很重要的一部分，是另外一種婉約的、含蓄的女性美。其實那個時候也有別的設計師使用香水，但是當時那些單純以一種花提煉出來的香水味道，可可都覺得太呆板，不是聞起來太刺鼻，就是一下子就揮發掉聞不出味來。

「恩尼斯，你有沒有辦法調製出跟這些香水

不同的味道？你能了解我的意思嗎？」可可問。

「我當然了解，這也正是我這一段時間以來一直在努力的目標。」

可可聽了歡喜的說：「好，那麼就讓我們來合作吧。」

她深信，香水是女人看不見的美麗，一種高雅的味道，會讓與她擦身而過的人，因為氣味而被吸引，留下不可磨滅的印象。

恩尼斯在他的實驗室裡，想盡了各種方法，嘗試了許多不同的組合，終於製成了兩組香水。這一天，他請可可來驗收他實驗的成果。他把有著同樣成分的第一組香水，按照各個成分不同的比例調配，分別裝在從 1 到 5，五個編了號碼的小玻璃瓶裡，另外一組香水，則裝在從 20 號到 24 號的五個瓶子裡。

「這些是樣本，妳來聞聞看，選一瓶妳最喜歡的吧。」恩尼斯說。

可可很仔細一瓶一瓶的聞，毫不遲疑的拿起

標了阿拉伯數字「5」的這一瓶：「我最喜歡這一瓶。」

恩尼斯疑惑的說：「23 號的香水怎麼樣？那是我最中意的一款。」

「那一瓶也不錯，但是我還是最喜歡這一瓶。」可可堅定的說。

「好吧。那麼我們來給它想個名字，然後選個日子隆重推出這個香奈兒的第一款香水。」

可可想都沒有想：「既然是第五瓶香水，我想就叫它 5 號，你覺得如何？」

「什麼？」恩尼斯不相信他的耳朵：「香奈兒 5 號？這有一點怪異，怎麼可以用數目字來命名呢？我們是不是還是應該取一個像『聖羅蘭』，或者『月的迷惑』、『春之氣息』這種聽起來比較……比較像是香水名字的名字？」

「誰規定香水不能用數字命名？」可可骨子裡的叛逆又抬頭了：「它就是我們的香奈兒 5 號，正因為從來沒有人用數目字給香水命名，才能顯

得它的特殊，而且也讓人一聽就能記住。」

於是，1921 年的 5 月 5 日，香奈兒公司推出了這一款到現在為止，歷史上最暢銷的香水。而且也第一次在香水瓶上用了兩個 C 背靠背的標誌，這個雙 C 的標誌，也從此成為香奈兒品牌的商標*。

用現在的眼光來看，你不能不承認可可是一個天生的行銷天才，一開始可可把香奈兒 5 號當成「只送不賣」的贈品。她只將很少量的香水當成禮品，贈送給來光顧生意的客人，讓擁有香水的人覺得自己非常特殊，這就讓香奈兒 5 號成了一種身分和地位的象徵，也讓一般人期待它的上

***香奈兒品牌商標**：有人說這兩個 C 代表的是可可‧香奈兒 (Coco Chanel) 這兩個字的字首，也有人說，這兩個 C 代表的是香奈兒自己和她這一生最愛的鮑伊‧卡柏兩人姓氏的第一個字母（Chanel 和 Capel）。

市，並願意付出比其他香水更高額的價格來購買。

　　香奈兒5號有很多「世界第一」的頭銜：是全世界第一款以數目命名的香水；是全世界第一種用乙醇和花香調出來的香水，由八十多種天然和化學的成分組成；更是第一種不模仿任何一種單一花卉的氣味、不複製任何一種花香的香水。它給你的，是一種獨特的，讓你能在其中聞出新的，說不出來是什麼，又好像什麼都具備的好香味。一句話，可可的設計精神「獨特」，在這一瓶香水中，發揮到了極致。

　　提到香奈兒5號，就不能不提它的瓶子。別的香水，用的都是非常有曲線的瓶子，造型不是花卉就是動物，但是香奈兒5號的瓶子，就是一個簡單的，粗看幾乎是正方形、但四個角分別削去了一點的八角形。用一個透明且沒有一點雜質的玻璃瓶，再裝上金黃色的香水，瓶身上是一個單純白色正方形的標籤，用同樣單純的黑色印了

"N°5 CHANEL"，完全傳達了香奈兒一貫簡約大方的氣質。

很多有名的人都幫香奈兒 5 號香水做過廣告，但是最有名的，卻出自不是擔任香奈兒廣告明星的瑪麗蓮・夢露＊受訪時說的一句話。

瑪麗蓮・夢露是美國好萊塢有名的性感女星，有一次記者問她：「夢露小姐，請問妳晚上睡覺的時候，在床上穿的是什麼？」瑪麗蓮・夢露回答說：「我只『穿』幾滴香奈兒 5 號。」這神來之筆的答案，一夕之間為香奈兒 5 號做了最棒的廣告。

● ☆ ● ✧ ● ☆ ●

＊瑪麗蓮・夢露 (Marilyn Monroe)：20 世紀美國好萊塢著名的女演員之一，曾經獲選美國電影學會百年來偉大的女演員第六名，是全世界影迷心中的性感女神和流行文化的代表。

　　從帽子開始，可可並沒有讓她的腳步停留在女人的頭頂上，她一步步穩健的發展，衣服、皮包、鞋子，把女人從頭到腳一網打盡，然後甚至把觸角伸到看不見、只聞得到的香水。她也沒有局限在時尚的這一個領域發展，只要有機會，她還跨足舞臺劇、芭蕾舞，後來甚至到好萊塢＊，為多部電影設計服裝，但是不管她做的是什麼，在她從來沒有停下來的企圖心中，都把握著實用、簡潔、高雅、獨特的原則。

＊**可可與好萊塢**：1930 年代，已經步入中年的可可受美國好萊塢電影製片人的邀請，前往美國擔任電影服裝設計，因此認識了許多明星，這些明星不少都喜歡穿香奈兒的服裝，她們都成了宣傳香奈兒服裝的最佳代言人。

華麗的轉身

　　巴黎康朋街三十一號，從 1918 年開始成為香奈兒的總部，事業如日中天的可可，買下一整棟六層的房子，她現在已經完全有能力擁有經濟上的獨立和自由，但是她的精神上是不是也能這樣獨立和自由呢？

●　☆　●　☆　●　☆　●

　　許多香奈兒的狂熱愛用者，都把到巴黎去造訪坐落在康朋街三十一號的香奈兒總部，當成是一趟朝聖之旅。在店面入口的旁邊，還有一個由警衛把守的門，進了門，是一道通往二樓沙龍的旋轉樓梯，這裡只為來量身訂做高級時裝的特定客人開放。從二樓到三樓，就是香奈兒有名的「鏡梯」，樓梯一邊是黑色的扶手，另外靠牆的那一

面，則鑲滿了一片片落地的鏡子。在半個多世紀以前，香奈兒女士就是在這裡舉行那讓全世界愛美女士趨之若鶩的時裝發表會。她把守著鏡梯的頂端，在模特兒出場以前做最後的檢查，看看她們身上的衣服前後衣襬是不是夠平整，線頭有沒有露出來，全身上下的配件是不是都齊全，然後模特兒款款走下鏡梯，隨著樓梯旋轉角度的變換，牆上的鏡子裡，同時反射出涵蓋模特兒前後左右無數身影的畫面。而香奈兒女士也可以透過鏡梯鏡子的反射，看到觀眾們對這些服裝的立即反應。

從鏡梯的上面數下來第五階，是香奈兒女士慣常坐的地方。坐在這裡，樓下的一切盡收眼底，但是樓下的人卻看不到她。當一場又一場成功的時裝發表會結束時，當她在這裡坐擁全世界時尚教主寶座，接受無數無國界仕女的歡呼擁戴時，她必定心中有許多感觸。那鏡子裡反射出來的，除了當下的輝煌，也一定有過去從小到大的艱

苦。除了那些能說給人聽的辛
苦，能展示在人前的傷口以
外，一定還有更多深深埋藏
在心裡的沉痛，沒有辦法說
給人聽的遭遇，和不能、也
不願意曝露在人前的傷痕。

可可並不是一個在父母期
盼下出生的「明珠」，童年的生活漂泊貧困，十二
歲喪母之後，自己的父親成了第一個遺棄她的
人，把她們姐妹三人送進教養院，一走了之。

度過慘淡的青春期，到了十八歲可可離開教
養院後，機緣巧合認識了有貴族身分的艾提安。
經由他，可可得以離開裁縫鋪的縫紉和咖啡廳駐
唱的生涯，轉而以艾提安女伴的身分，出現在一
個她完全不熟悉、也從來沒有想過的社交圈中。
儘管這個「女伴」的身分，在以女人為附屬品，
並不講究忠貞的法國上流社會裡，並不是那麼的
「名不正言不順」。但是也由於上流社會和古代中

國講究「門當戶對」一樣，讓艾提安不願意，也不可能給可可婚姻的承諾，成了第二個遺棄她的人。

艾提安的好朋友鮑伊又如何？他不但認同可可追求獨立的想法，而且也實際在金錢上支持她的事業，使可可有能力在巴黎開了帽子店，還充分利用自己的人脈，幫可可介紹生意，打響名號，讓她踏出成功的第一步。可可曾經說過，鮑伊是她這一生的最愛，我猜想有一個很重要的原因，就是可可認為鮑伊能欣賞她的才華，尊重她是一個獨立的個體，有掙脫束縛得到自由的權利，而不只是把她當成一件男人的附屬品，或者一個美麗的收藏。

鮑伊來自英國的企業家族，很現實的是，英國上流社會對講究彼此出身背景的習慣，並沒有比法國的上流社會寬鬆多少。或許鮑伊曾經真心愛過可可，就像他愛過那些其他的美麗收藏一樣，但在面對婚姻的時候，他依舊不得不屈服在

龐大的社會壓力下。1918年夏天，鮑伊跟一個名
叫戴安娜的美麗英國貴族在英國結了婚，鞏固了
他的社會地位，而且很快就在第二年的4月生下
一個女孩，成了遺棄可可的第三個人。

＊ ＊ ＊ ＊ ＊ ＊ ＊

　　喜歡並熟悉香奈兒產品的人都沒有辦法不正
視「山茶花」這個圖案，它幾乎出現在每一種香
奈兒的產品中。無論是織布的紋理、皮包、項鍊、
手鐲、戒指，大到天花板上的
水晶吊燈，小到袖子上的銅
鈕釦，這個山茶花的圖案
一而再，再而三的抓住人
們的目光，為什麼可可這麼
喜歡山茶花呢？
　　可可的一生，始終沒有與她心愛的人結成連
理，但是卻不妨礙她尋求愛情的浪漫。從少女時
代喜歡閱讀鴛鴦蝴蝶的言情小說開始，到後來感
同身受的愛上小仲馬的小說《茶花女》。曾經在看

《茶花女》的歌劇表演時，哭得讓全場側目，可見她從來沒有停止對浪漫故事的追求和喜好。

　　在小仲馬的《茶花女》故事裡，女主角瑪格麗特是一個法國的交際花，出汙泥而不染，在她的衣襟上總別著一朵白色的山茶花。瑪格麗特後來遇見心愛的男子，因而決心離開風月生涯，但最終卻在被愛人誤會、遺棄的情況下死於肺病，是一個悲劇故事。這個故事是小仲馬根據他自己親身的遭遇所改寫的，前半段跟可可的經歷有很相似的地方。她靠著艾提安和鮑伊的照顧，從一個一無所有、畏縮卑微的孤女，到成為一個功成名就的女企業家，但事業成功的背面，卻是被愛人再三背棄的傷痛，因此《茶花女》深深引起她的共鳴，而山茶花也就成了她作品裡最常出現的重要角色。可可還曾經說過：「山茶花是一種沒有香氣的花，開的時候聞不到它綻放的甜味，凋謝腐敗時，也沒有惡臭，是一種讓人覺得乾淨的花。」

在可可的心裡，她所鍾情的不但是山茶花形體上的乾淨，還有反映在精神層面上的純潔。她其實很清楚，鮑伊一直有許多情婦，但她可以完全漠視這個事實，從自己事業的成功裡，慢慢超越鮑伊所處的所謂「上流社會」。作為一個世界知名的服裝設計師，可可已經得到無數有爵位夫人、公主、王妃、名媛的喜愛和肯定，也坐穩了時尚教主的寶座，但是她心裡對感情沒有出路的苦悶，就只能發洩在對自己的裝扮上。

1917 年的一天晚上，可可正準備出門去看歌劇，她把長及腰部的烏黑長髮編了三根辮子，穿了一件自己剪裁的白色裙子。她在浴室裡打開水龍頭要洗手，但是覺得水不夠熱，於是拉動在浴室裡熱水器的點火噴頭，「轟」的一聲，整個熱水器忽然爆炸了。

「小姐，您沒有受傷吧。」女僕聽到聲響衝

進來。

　　可可沒有受傷，可是白裙子上沾滿了煤灰，頭髮就更不必說有多狼狽了。但是她鐵了心要去從來沒有去過的巴黎歌劇院看表演，這個浴室裡的意外絕對不能改變她的計畫。

　　「來，拿一把剪刀給我。」可可對女僕說。她一剪刀剪去了那個時代女人都有的一頭長髮，把旁邊的女僕嚇得哭出聲來，可可還安慰她：「別傻了，這有什麼好哭的，不就是頭髮嗎？又不是頭。」

　　但那絕對是驚天的一剪，因為那個時候的女人，各個都是秀髮如雲，只有男人才短髮；剪了頭髮不算，既然白色的裙子給弄髒了，乾脆就換成黑色的吧。當天晚上，當頂著一頭短髮的可可，穿著一件黑色的連身裙出現在巴黎歌劇院的時候，你可以想像造成什麼樣的轟動。但是這個特立獨行的裝扮，馬上掀起一陣短髮風潮，也成為巴黎時尚圈的流行。從此短髮的女人，給人幹練

俐落的印象，是新潮的象徵，是能幹的表現。

1919 年 12 月 22 日鮑伊在法國南部發生車禍身亡，他的死對可可來說是不可承受之重。可可在那個時候，已經事業有成，不但有名，而且有錢，再加上自身的聰慧和美貌，她吸引的都是當時最有權威，最有才氣的男子。儘管她終生未婚，但是感情生活卻非常多彩多姿，許多長時間跟她有接觸的藝術家都不可避免的對可可產生好感。1920 年作曲家斯特拉溫斯基住在可可的別墅裡，寫出了《管樂交響曲》；詩人皮埃爾‧勒韋迪在苦戀了可可多年以後，1925 年揮劍斬斷情絲，遁入修道院終老。

1923 年，四十歲的可可認識了英國的首富西敏公爵＊，公爵送給她大量的珠寶，也開啟了她用珠寶來豐富時尚的概念。如果說當年的艾提安

＊西敏公爵 (Duke of Westminster)：也有人按照發音翻譯成「威斯敏斯特公爵」。

是帶領可可離開裁縫鋪，跨入法國上流社會的貴人，那麼西敏公爵就是讓可可得以接觸英國王室和政治家的推手。經由西敏公爵的引見，可可成了和英國首相邱吉爾一起釣魚打牌，接受威爾斯親王拜訪的名女人。可可和西敏公爵的關係維持了十年，但是可可終究沒有成為公爵夫人，她最後還是敗在像一座巨山橫在她身前的階級觀念上。

在第二次世界大戰爆發以前，可可已經是擁有五棟大廈和超過四千多名員工的企業家。大戰爆發以後，德國納粹占領了法國，可可認為那不是一個應該關注時裝的時候，所以 1939 年她結束了旗下所有的時裝店，遣散了超過三千名女性員工。也在這個時候，她結識了一生最讓她引起爭議的戀人，一位納粹軍官漢斯＊，他的朋友們稱他為斯波茨，是德文麻雀鳥的意思。

有人質疑在大戰期間，法國人民大多處在物質生活不足的情況之下，但是可可卻由於獲得納

粹的資助，能入住巴黎最著名、最豪華的麗茲飯店。更有人指控，可可在二次大戰期間利用她的身分掩護，充當納粹間諜，而且借助納粹的反猶太人法規，想從猶太富商皮爾‧維特海默*家族手中，把香奈兒5號香水的掌控權拿回來*。因為在1924年香奈兒要找人投資香水生產的時候，由於資金短缺，她只好把香奈兒5號70%的股份賣給了維特海默，調香師恩尼斯‧鮑擁有20%，

*漢斯：他的德國名字是 Baron Hans Gunther von Dincklage。根據美國記者寫的《與敵人共枕》(Sleeping With the Enemy: Coco Chanel's Secret War) 這一本書，揭露了可可在二次大戰期間為德國擔任間諜，隨後香奈兒公司發表了聲明，在聲明中並沒有明確否認香奈兒是納粹特工的說法，不過指出這一本書所提出的證據不夠充分，並且舉出很多香奈兒的猶太人朋友，來為她辯護，說明香奈兒並沒有反猶太的傾向。

*皮爾‧維特海默 (Pierre Wertheimer)：調香師恩尼斯的好朋友，也是夜巴黎化妝品公司的老闆之一，透過恩尼斯的介紹結識了可可，1924年三個人決定合夥成立香奈兒香水公司，將5號香水量產。

*可可的指控：維特海默家族一方老早就為此做了防備，他們早就先將股份轉移給另外一個法國的商人和企業家菲利克斯，這讓可可的指控沒有成功。大戰結束以後，香奈兒香水股份被轉回維特海默的手中，但日後維特海默家族同意和可可就1924年雙方訂立的原始條約進行修改。

而她自己只持有 10%。所以這一款平均三十秒就能賣出一瓶，有史以來最暢銷的香水，其實早期並沒有給香奈兒帶來別人以為那麼多的財富＊。

儘管二次大戰的同盟國方面，有證據顯示可可在戰時確實跟納粹來往，以致戰後被法國政府逮捕，但幸運的是很快就被釋放了，逃過了被審判，甚至被判刑的命運，隨後便避居中立國瑞士。一直到 1953 年，才回到巴黎這個讓她登上世界巔峰的城市。

然而，睽違十四年之後，這個時尚之都還會給一個曾經輝煌的七十老婦一席之地嗎？

那個時候，服裝界已經有了後起之秀，像是以華麗見長的迪奧＊，可可必須再一次用自己的能力，來證明她依然是引領服裝流行的掌舵者。

經過不眠不休的努力，1954 年 2 月 5 日，可可在康朋街三十一號的鏡梯推出一百三十套服裝，但或許是人們想要掙脫戰爭帶來的死亡、暮氣、貧乏，希望迎接更多激情和色彩這種心情的

推波助瀾；也或許是可可在戰爭期間跟納粹軍官
交往的事實，沒有得到廣大法國人民的諒解，法
國時尚界集體對她這一次東山再起的時裝發表會
採取了漠視的態度。

可可就坐在鏡梯從上面數來第五個階梯上，
看著樓下紛紛提早離席的男女，整場時裝發表會
只賣出了十套衣服，這是可可第一次被她一向主
宰的時裝界背棄，在她被遺棄的歷史上添上了最

＊**香奈兒 5 號的利潤**：1947 年可可收到戰爭期間出售香奈兒 5 號香水所獲
得的利潤，相當於 21 世紀九百萬美金的幣值，並且從那時起放棄她所擁
有的 10% 公司股份，轉而取得全世界售出每一瓶香奈兒 5 號香水的 2%
作為報酬。不要小看這 2%，可可從中獲得的經濟利益，每年都接近二千
五百萬美金，這讓可可成為全世界富有的女人之一。此外可可還向維特
海默家族提出了一個很不尋常的要求，要他們支付她此生的居住和旅遊
費用。從此可可在巴黎最豪華、最昂貴的麗茲飯店中居住了三十多年，
最後也是在那裡過世的。可可過世後，維特海默家族取得了香奈兒香水
配方的專利權，後來又從恩尼斯的手中收購剩下的股份，成為香奈兒香
水公司唯一的股東。直到今日，每年從其中獲取的利潤，讓維特海默家
族穩坐全世界富豪的寶座。

＊**迪奧 (Dior)**：法國著名的高級女裝品牌，1946 年由法國時裝設計家克里
斯汀・迪奧於巴黎創立。

濃重的一筆。

「哼，她那些老掉牙的東西，就像是祖母頭上的帽子，早就不流行啦。」

「誰還要穿那些死氣沉沉的顏色，不是黑，就是白，太沒有變化了。」

「我看這個老女人是變不出什麼新花樣了，這麼多年了，還是這一套嘛。」

人們在她背後竊竊私語，甚至不介意在她面前大聲的說，好像就是要讓她難堪一樣。

「喂，妳們去看了上個星期迪奧這一季的服裝發表會嗎？」

「當然去了，我真喜歡那一套粉紅色細腰窄裙，哎呀，妳沒摸那個布料，真考究啊，我當場就買了一套。」

「細腰？那我是沒希望了，除非先減肥。」

「別太灰心，可以用我們的祕密武器，『束腰』啊。」

「呵呵，對對對。」

上流社會引領潮流的仕女們，轉身擁抱迪奧用上乘的布料，強烈的色彩，和誇張的造型所製作出來的女裝，甚至還願意為了服裝的特殊造型，重新穿上早已經被丟到垃圾桶的馬甲和束腰。但是別以為這樣就能把一生都在面對被遺棄的可可打倒，也不要以為她會丟棄一生所堅持簡約、優雅、大方的理念，反而回過頭來在多餘繁複的裝飾，或者高價位的材料中尋找出路，你如果會這樣想，那就大錯特錯了。

「可可，妳要做一點改變啦。」

「時代變了，妳不能不變啊？」

「巴黎已經不是妳十多年前離開時候的巴黎了，妳得正視這一點。」

可可的身邊，有很多人好意和有意的提醒她，她的那一套想法已經「過氣」了，她需要改

變來迎合新一輩仕女們的需要。還有人拿沒有起色的財務來警告她，如果再這麼下去，「香奈兒」就得拱手讓人，不會再屬於她這個香奈兒啦。但她用十二萬分的自信說：「只有我才知道女人要的是什麼。」

　　可可就像是激流裡的一塊頑石，不管別人怎麼在她耳朵旁邊給她各種各樣的「建議」，她仍繼續用「減法」而不是「加法」，來貫徹堅持了1/4個世紀的簡約設計理念。隨後，她陸續設計了斜紋的軟呢套裝、掀起革命風潮的 2.55 菱形格紋包包、女性都想要人腳一雙的兩色衍縫鏤空鞋、開風氣之先的喇叭褲、逐漸成為標的的山茶花，和幾乎人人都能佩戴的珍珠……。

　　當初背棄可可的仕女們，最終還是在「要漂亮也要舒服」的理念下，回到香奈兒服裝的懷抱，她們再一次揚棄了馬甲和緊身衣，回頭來欣賞永不褪色的簡單之美，可可還真的說對了，她才是最知道女人要的是什麼的人。

經過半個世紀以後，你再穿上任何一套香奈兒時裝，一樣還是有走在尖端的時代感，這就不能不讓你佩服香奈兒的功力。她成功的掀起第二次的服裝革命，重新證明自己才是穩穩坐在時尚寶座上發號施令的那個人。

● ✪ ● ✪ ● ✪ ●

眾所周知，可可的幸運數字是「五」，除了香奈兒 5 號香水，她的一生，也經歷了五個階段：黑暗的童年時期，跟隨艾提安和鮑伊步入上流社會並開始創業，進入服裝業取得巨大的成功，二次戰後的放逐，和最後回到法國掀起第二次服裝革命。她一直堅持努力到人生最後的一刻。

香奈兒女士從鏡梯上站起來，伸一伸感覺有

些僵硬的腰腿，緩緩的走下。服裝秀的彩排雖然結束，但是在幾天以後正式的發表以前，她還不確定要做多少修改。她曾經在接受法國電視臺採訪的時候說過，她從不覺得自己的作品已經「完成」，因為時尚是瞬息萬變的，所以她必須一次又一次的修改、調整，一直持續到模特兒正式從鏡梯走下來，正式推出到公眾眼前的那一刻。

　　這天的工作已經結束，她最後交代了留守員工要注意的事項，把不離手的剪刀、皮尺放回桌上，回到不遠處她在麗茲飯店的豪華套房，這三十多年來，她都住在那裡。

　　可可覺得精力真不如以往，有些累了，她漱洗完畢，把身體埋進雪白的、軟軟的、暖暖和和的被子裡，閉上眼睛，沉沉的睡去。1971 年 1 月10 日，就在大家都期待香奈兒推出春夏高級服裝秀前的幾天，高齡八十八歲的可可・香奈兒，於睡夢中去世。

　　她過世之後，骨灰葬在瑞士的洛桑＊，墓碑

上刻了五頭獅子。獅子代表她的星座，她是 8 月
19 日獅子座出生的，至於為什麼獅子的數目是五
頭呢？現在不用我說你也知道了。

　　　　　　算算時間，可可・香
奈兒女士已經離開這個
世界四十多年了，但是
她真正的離開了嗎？

　　只要你走在世界任何
一個城市的街頭，看那迎面走
來的女子，她穿的可以是舒適的牛仔褲，也可能
是優雅的套裝衣裙；她頸子上掛的可以是價值連
城的珠鑽，也可能就是一大一小的兩串珍珠；她
不一定肩上得背著菱形格紋皮帶金屬鍊的 2.55
包包，腳下也不一定得踏著一雙黑頭兩色矮跟

*洛桑 (Lausanne)：位於日內瓦湖北岸，是國際奧委會的總部所在，因此
　也被稱為「奧林匹克首都」，是瑞士第五大城市。

鞋，耳後也不非得噴兩滴 5 號香水，身上更不需要有讓人一眼就能看到的雙 C 標誌。她頂著一頭飄逸幹練的短髮，從臉上帶著的自信微笑，透露出「沒有什麼是我不能做」的神態，你便可以從她身上的簡約、典雅和大方，看到香奈兒不死的精神和丰采。

　　於是你知道，可可‧香奈兒一直並未走遠，她似乎還坐在巴黎香奈兒總部的鏡梯上，透過清亮的眼睛看著你。

後 記

　　如果你問可可‧香奈兒，她覺得
自己工作中最困難的是什麼？她會
這樣告訴你：「讓女人們在穿上我設
計的服裝後，仍能輕鬆自如的活
動，不必偽裝自己，也不用為
了今天的穿著而改變自己的行為
和態度。」她慶幸能有這個天賦，
能幫助女性，在不失優雅的同
時，實現生活行動的自由。

　　可可絕對是一個勇於開風氣之先的人，先讓
女人穿上只有男人才穿的褲裝，解放了她們的身
體，後來又讓女人剪成只有男人才剪的短髮式
樣，她喚醒了舊時代的女性，給她們具體描繪出
一個充滿自由活力的未來。

　　不過，你千萬不要把可可‧香奈兒只局限在

一個服裝設計師的地位，她從一個被遺棄在教養院裡，沒有身分背景，舉目無親，一無所有的小孤女，拚到坐上時尚教主寶座的至尊地位。她統治的江山沒有疆界，她統治的臣民沒有數目，她一年做出四百多個決定，主宰全世界女性流行的走向。她「在位」的時間超過半世紀，任期超過法國所有的領導人。更關鍵的是，她藉著改革長年束縛著女性身體的衣服，間接推動了和男性一樣，擁有獨立自主地位的女性主義興起。

　　她用自己的經歷和努力告訴每一個有夢的人，不論男女，你一定可以憑藉著自己的能力追求和實現夢想。

可可・香奈兒 　　小檔案

1883 年　8 月 19 日出生於法國。

1895 年　母親過世，進入由修道院辦的教養院生活，並開始接觸縫紉。

1900 年　離開教養院，到穆林市的「聖瑪麗」裁縫鋪做助手。

1905 年　在咖啡廳兼職駐唱，開始被客人暱稱為「可可」。

1906 年　離開裁縫鋪，和艾提安・巴松一起生活，踏入法國上流社會。

1909 年　和鮑伊・卡柏一起到巴黎生活。

1910 年　在巴黎康朋街二十一號開設「香奈兒時尚屋」，專門製作女帽。

1913 年　在法國杜維埃開設精品店，推出運動服系列。

1915 年　在法國比亞里茨開設時裝屋，確立了以「香奈兒」為品牌的女裝。

1918 年　康朋街的香奈兒總店搬到三十一號。

1921 年 推出自己的第一款香水，標誌性的「香奈兒 5 號」。

1922 年 負責希臘悲劇《安提戈涅》和芭蕾舞劇《藍色列車》的服裝設計。

1923 年 推出香奈兒套裝。

1924 年 第一個化妝品系列誕生，同年並成立「香奈兒香水公司」。

1926 年 著名的「小黑裙」問世。

1931 年 前往好萊塢。

1939 年 第二次世界大戰，香奈兒公司被迫關閉，香奈兒本人避居瑞士。

1954 年 回到時裝界，用自己獨特的作品掀起第二次時裝革命。

1955 年 推出用衍縫技術裝飾的菱形格紋 2.55 包包。

1957 年 推出雙色衍縫鞋。獲頒「20 世紀最有實力的時尚設計師」獎。

1971 年 1 月 10 日可可‧香奈兒離世，享年八十八歲。

參 考 資 料

・《我沒時間討厭你：香奈兒的孤傲與顛世》 (*L'allure De Chanel*)／Paul Morand 著；段慧敏譯

・《可可・香奈兒：時尚女王的經典傳奇》／安善模著；李秀蓮譯

・時尚先鋒香奈兒：香奈兒最為著名的傳記

http://lz.book.sohu.com/serialize-id-14792.html

・可可・香奈兒的傳奇一生：香奈兒公司唯一官方授權傳記

http://lz.book.sohu.com/serialize-id-22637.html

・《香奈兒》(*Coco Chanel*)／Christian Duguay 執導

近代領航人物

生命教育首選讀物

打造良好品格，激發無限潛力，打造下一個領航人物！

你可以像自由鬥士 曼德拉 一樣找到自己的理想嗎？

你能像世界知名設計師 可可‧香奈兒 一樣隨時發揮創意嗎？

你想成為像搖滾巨星 約翰‧藍儂 一樣的萬人迷嗎？

讀完他們的故事，你也做得到！

◆ 近代人物，引領未來航線

◆ 橫跨領域，視野真正全面

◆ 精采後記，聚焦全書要點

◆ 彩色印刷，吸睛兼顧護眼

全系列共二十冊
陸續出版

國家圖書館出版品預行編目資料

可可‧香奈兒 / 李民安著;林芸繪.－－初版一刷.－－
臺北市: 三民, 2014
　　面; 公分.－－(兒童文學叢書/近代領航人物)

ISBN 978-957-14-5869-4 (平裝)

1.香奈兒(Chanel, Coco, 1883-1971) 2.傳記 3.通俗
作品

781.08　　　　　　　　　　　　　　　102026001

© 　可可‧香奈兒

著 作 人	李民安
繪　　者	林芸
主　　編	張燕風
企劃編輯	莊婷婷
責任編輯	莊婷婷
美術設計	黃宥慈
發 行 人	劉振強
著作財產權人	三民書局股份有限公司
發 行 所	三民書局股份有限公司
	地址　臺北市復興北路386號
	電話　(02)25006600
	郵撥帳號　0009998-5
門 市 部	(復北店)臺北市復興北路386號
	(重南店)臺北市重慶南路一段61號
出版日期	初版一刷　2014年1月
編　　號	S 782370

行政院新聞局登記證局版臺業字第○二○○號

有著作權‧不准侵害

ISBN　978-957-14-5869-4　(平裝)

http://www.sanmin.com.tw　三民網路書店
※本書如有缺頁、破損或裝訂錯誤,請寄回本公司更換。